Les cahiers d'exercices

Coréen

Débutants

Inseon Kim-Juquel
김인선

Avant-propos

130 exercices sont regroupés dans les 14 chapitres de ce cahier. Chaque chapitre propose de petites leçons grammaticales ainsi que des banques de mots pour acquérir du vocabulaire et pouvoir réaliser les exercices en lien avec les leçons.

Les leçons vous permettront d'aborder un point précis puis de le maîtriser en le mettant en pratique avec les exercices de manière pratique et ludique.

Tous les points importants sont abordés petit à petit. Néanmoins, si vous voulez approfondir votre apprentissage en écriture, en prononciation, en conversation et en grammaire, d'autres séries sont disponibles chez Assimil : cahier d'écriture, guide de conversation, collection « Sans peine ».

Le coréen n'est pas une langue difficile, cependant elle est différente du français avec des notions grammaticales inconnues en français. L'approche claire et ludique vous permettra d'avancer pas à pas. Bon courage !

Ce cahier vous permet également de vous autoévaluer : après chaque exercice, dessinez l'expression de vos icônes (☺ pour une majorité de bonnes réponses, 😐 pour environ la moitié et ☹ pour moins de la moitié). À la fin de chaque chapitre, reportez le nombre d'icônes relatives à tous ces exercices et, en fin d'ouvrage, faites les comptes en reportant les icônes des fins de chapitres dans le tableau général prévu à cet effet !

Sommaire

1. L'écriture et la prononciation du hangeul 3
2. Les verbes 11
3. Les particules 20
4. Les particules (suite) 31
5. Les verbes (suite), la négation, les formes irrégulières 41
6. Le passé et le mode de la phrase 49
7. Le futur et les verbes auxiliaires 57
8. Les connecteurs ou conjonctions de coordination 65
9. Les démonstratifs 74
10. Exprimer la courtoisie : la forme honorifique 81
11. Les chiffres 90
12. Les classificateurs. Donner un prix 99
13. La proposition, l'hypothèse, le conditionnel, demander poliment… 106
14. Les adjectifs et la proposition relative 114
Solutions 123
Tableau d'autoévaluation 128

L'écriture et la prononciation du hangeul

Le hangeul et son écriture

L'écriture coréenne, **한글 hangeul** [hann-geul], se compose de 19 consonnes (C) et de 21 voyelles (V). Elle est phonétique et syllabique. La syllabe coréenne, composée d'une ou deux consonnes et d'une voyelle, représente une unité de son. Il y a donc autant de sons que de syllabes, par exemple : 한 [hann], 글 [geul]. De plus, les lettres d'une même syllabe s'inscrivent dans un espace carré.

Voici, quelques syllabes et leur prononciation. En **rouge** ce sont les consonnes, et en **bleu** les voyelles.

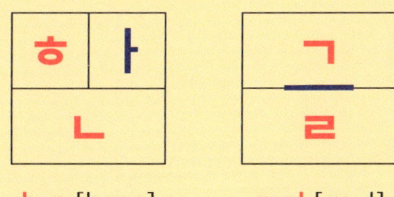

ha**n** [hann]   **g**eu**l** [geul]

Dans ce cahier, la transcription est adaptée aux francophones et peut être légèrement différente de la transcription internationale. Reportez-vous au tableau suivant et à ceux que vous trouverez p. 4 et 5 pour perfectionner votre prononciation.

• **Les consonnes**

hangeul	transcription	prononciation réelle selon la position dans une syllabe		
		consonne initiale <u>C</u>V	devant la voyelle ㅣ i	consonne finale CV<u>C</u>
ㄱ*	g	entre [g] et [k]	[k]	[ᵏ]
ㄴ	n		[n]	
ㄷ*	d	entre [d] et [t]	[t]	[ᵗ]
ㄹ	l	[l] ou [R] (r roulé entre les deux voyelles)		
ㅁ*	m	[m]		
ㅂ*	b	entre [b] et [p]	[p]	[ᵖ]
ㅅ	s	[s]	[ch]	[ᵗ]
ㅇ	muet ou **ng**	muet		[ng]
ㅈ*	dj	entre [dj] et [tch]	[tch]	[ᵗ]
ㅊ**	tch	[tch]		[ᵗ]
ㅋ**	kʰ	[kʰ]		[k]

CHAPITRE 1 : L'ÉCRITURE ET LA PRONONCIATION DU HANGEUL

hangeul	transcription	prononciation réelle selon la position dans une syllabe		
		consonne initiale C<u>V</u>	devant la voyelle ㅣ i	consonne finale C<u>V</u>C
ㅌ**	t^h	[t^h]		[^{t}]
ㅍ**	p^h	[p^h]		[^{p}]
ㅎ**	h	[H] (aspiré)		[^{t}]
ㄲ***	kk	[kk]		[^{k}]
ㄸ***	tt	[tt]		pas employé
ㅃ***	pp	[pp]		pas employé
ㅆ***	ss	[ss]	[ch]	[^{t}]
ㅉ***	ts	[ts]		pas employé

* Ces consonnes coréennes sont naturellement plus aspirées que les consonnes françaises.
** Ces consonnes se prononcent comme en anglais, c'est-à-dire qu'elles sont vraiment aspirées.
*** Ces consonnes se prononcent avec un blocage juste avant de les prononcer. Une astuce pour les prononcer : inspirez, bloquez votre respiration et prononcez-les à peine.

Sauf en cas de liaison, seules sept sons sont prononcés en consonne finale : [n], [l], [m], [ng], [^{k}], [^{t}] et [^{p}]. Les trois dernières consonnes sont indiquées en exposant, cela signifie qu'elles sont à peine audibles.

• **Les voyelles**

hangeul	transcription	prononciation réelle
ㅏ	a	
ㅑ	ya	
ㅓ	o	[o] mais bien ouvert
ㅕ	yo	[yo] mais bien ouvert
ㅗ	ô	[ô] mais bien arrondi
ㅛ	yô	[yô] mais bien arrondi
ㅜ	ou	
ㅠ	you	
ㅡ	eu	[eu] mais bien étiré (si c'est trop difficile, prononcez en serrant les dents)
ㅣ	i	
ㅐ*	è	
ㅒ**	yè	
ㅔ*	é	
ㅖ**	yé	

CHAPITRE 1 : L'ÉCRITURE ET LA PRONONCIATION DU HANGEUL

hangeul	transcription	prononciation réelle
ㅘ	wa	[ô] + [a] rapidement
ㅙ***	wè	[ô] + [è] rapidement
ㅚ***	wé	[ô] + [é] rapidement
ㅝ	wo	[ou] + [o] rapidement
ㅞ***	wé	[ou] + [é] rapidement
ㅟ	wi	[ou] + [i] rapidement
ㅢ	eui	[eu] étiré et [i] presque simultanément

y et **w** sont très légers.
* En coréen moderne, on n'entend pas très distinctement la différence entre les sons **è** et **é**.
** En coréen moderne, on n'entend pas très distinctement la différence entre les sons **yè** et **yé**.
*** En coréen moderne, on n'entend pas très distinctement la différence entre les sons **wè** et **wé**.

Essayons de maîtriser la prononciation. On commence avec les noms de plats coréens. Miam, miam, vous êtes prêts ?

❶ Déchiffrez le mot hangeul des plats coréens suivants.

		Transcription
Ex.	김치 (choux chinois fermenté et pimenté)	**gim tchi**
a.	김밥 (riz enroulé d'algues)	……… ………
b.	불고기 (bœuf mariné à la sauce soja)	……… ……… ………
c.	삼겹살 (poitrine de porc grillée)	……… ………

CHAPITRE 1 : L'ÉCRITURE ET LA PRONONCIATION DU HANGEUL

❷ Notez la prononciation réelle en vous aidant des tableaux au début du chapitre.

		Prononciation réelle
Ex.	김치 (choux chinois fermenté et pimenté)	kim tchi
a.	김밥 (riz enroulé d'algues)	....
b.	불고기 (bœuf mariné à la sauce soja)	....
c.	삼겹살 (poitrine de porc grillé)	....

Banque de mots

사람	humain/personne	식물	végétal
동물	animal	물건	objet

❸ Reliez la prononciation et sa traduction.

1. **moulgon** [moul-gonn] •
2. **sigmoul** [chi^k-moul ou ching-moul] •
3. **salam** [sa-Ramm] •
4. **dôngmoul** [dông-moul] •

• a. *objet*
• b. *humain*
• c. *végétal*
• d. *animal*

❹ Entourez la bonne prononciation.

		A	B	C
1.	얼굴 *visage*	[ôl-gul]	[ol-gou^k]	[ol-goul]
2.	눈 *yeux*	[gou^k]	[noun]	[neun]
3.	코 *nez*	[k^hô]	[k^ho]	[t^ho]
4.	입 *bouche*	[il]	[i^p]	[imm]
5.	귀 *oreille*	[gwa]	[k^ho]	[kwi]
6.	손 *main*	[sônn]	[djôn]	[soun]
7.	발 *pied*	[p^hal]	[mal]	[bal]

CHAPITRE 1 : L'ÉCRITURE ET LA PRONONCIATION DU HANGEUL

Banque de mots

과일	fruit
사과	pomme
딸기	fraise
바나나	banane

5 Entourez la bonne écriture.

	A	B	C
1. **ttalgi** [ttal-ki]	과일	사과	딸기
2. **sagwa** [sa-gwa]	사과	과일	바나나
3. **gwail** [gwa-il]	과자	과일	과외
4. **banana** [ba-na-na]	바나나	아나나	바난느

Consonnes simples, doubles et aspirées

Faites bien attention à différencier certaines consonnes dont les sons se rapprochent. Par exemple : ㄱ g, ㄲ kk, ㅋ kʰ. Ce n'est pas évident, car la différence n'existe pas vraiment en français.

consonne simple	consonne double	consonne aspirée
달 **dal** [dal], *lune*	딸 **ttal** [ttal], *fille*	탈 **tʰal** [tʰal], *masque*
굴 **goul** [goul], *huître*	꿀 **kkoul** [kkoul], *miel*	쿨쿨 **kʰoulkʰoul** [kʰoul-kʰoul], *zzz* (onomatopée imitant un bruit de dormeur)
자다 **djada** [dja-da], *dormir*	짜다 **tsada** [tsa-da], *être salé*	차다 **tchada** [tcha-da], *donner un coup de pied*

La différence de prononciation réside dans le contrôle de l'expiration de l'air. Les consonnes aspirées se prononcent très aspirées ; les consonnes doubles se prononcent avec le minimum d'expiration d'air ; les consonnes simples se prononcent avec un souffle normal. Ce n'est pas évident ? Voici une astuce pour vous entraîner : placez devant votre bouche une feuille de papier fin, horizontalement, et prononcez les consonnes. Le souffle dégagé par la prononciation des consonnes aspirées fait beaucoup bouger la feuille. Le souffle pour les consonnes simples la fait balancer moyennement et celui des consonnes doubles laisse la feuille immobile, car elles ne sont pas suffisamment aspirées.

CHAPITRE 1 : L'ÉCRITURE ET LA PRONONCIATION DU HANGEUL

6 Lisez les mots suivants en vous concentrant sur l'aspiration.

1. a. 차   voiture   b. 자   règle/mètre   c. 공짜   objet reçu gratuitement
2. a. 빵   pain   b. 바다   mer   c. 파도   vague
3. a. 색깔   couleur   b. 칼   couteau   c. 갈매기   mouette
4. a. 다리   pont   b. 태극기   le nom du drapeau national coréen   c. 똥   caca

Prononciation des consonnes finales

Lorsqu'une syllabe se termine par une consonne, le son est stoppé (amoindri). C'est le cas pour les consonnes finales suivantes : ㄱ g [k], ㄷ d [t], ㅂ b [p], ㅅ s [t], etc. Attention cependant, ce n'est pas le cas pour les consonnes finales suivantes : ㄴ n [n], ㄹ l [l], ㅁ m [m], ㅇ ng [ng].

7 Lisez les lettres des mots suivants et donnez leur transcription ainsi que la prononciation réelle pour 4, 5, 6 et 7.

1. 어 → ....   엉 → ....   엉덩이 fesses → ....
2. 모 → ....   몽 → ....   몽둥이 bâton → ....
3. 하 → ....   학 → ....   학교 école → ....
4. 바 → ....   밥 riz (cuit), repas → ....
5. 이 → ....   입 bouche → ....
6. 이 → ....   잎 feuille → ....
7. 오 → ....   옷 vêtement → ....

CHAPITRE 1 : L'ÉCRITURE ET LA PRONONCIATION DU HANGEUL

Formation d'une syllabe coréenne

Une syllabe commence obligatoirement par une consonne même si parfois celle-ci est muette. Une syllabe peut s'écrire avec une consonne et une voyelle ou deux consonnes et une voyelle comme suit : CV ou CVC.

La voyelle se situe à droite de la première consonne lorsque la voyelle est de forme verticale, ex. : 아, ou au-dessous lorsque la voyelle est de forme horizontale, ex. : 으. La consonne finale se trouve en dessous, ex. : 안, 은.

8 Écrivez la première syllabe en hangeul en vous aidant de la prononciation.

1. ....빠   **appa** [a-ppa]   *papa*
2. ....버지 **abodji** [a-bo-tchi] *père*
3. ....마   **omma** [omm-ma]   *maman*
4. ....머니 **omoni** [o-mo-ni]   *mère*
5. ....니   **onni** [onn-ni]   *grande sœur* (employé par la cadette)
6. ....빠   **ôppa** [ô-ppa]   *grand frère* (employé par la cadette)
7. ....리   **ouli** [ou-Ri]   *nous*

9 Composez le mot au centre des carrés comme dans l'exemple. Nous vous donnons les lettres pour vous aider.

ㅇ-ㅏ-ㄱ-ㅣ
bébé

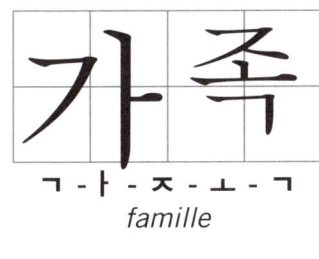
ㄱ-ㅏ-ㅈ-ㅗ-ㄱ
famille

1.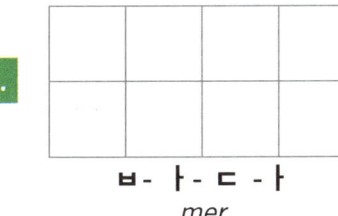
ㅂ-ㅏ-ㄷ-ㅏ
mer

2.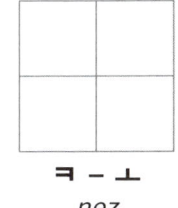
ㅋ-ㅗ
nez

9

CHAPITRE 1 : L'ÉCRITURE ET LA PRONONCIATION DU HANGEUL

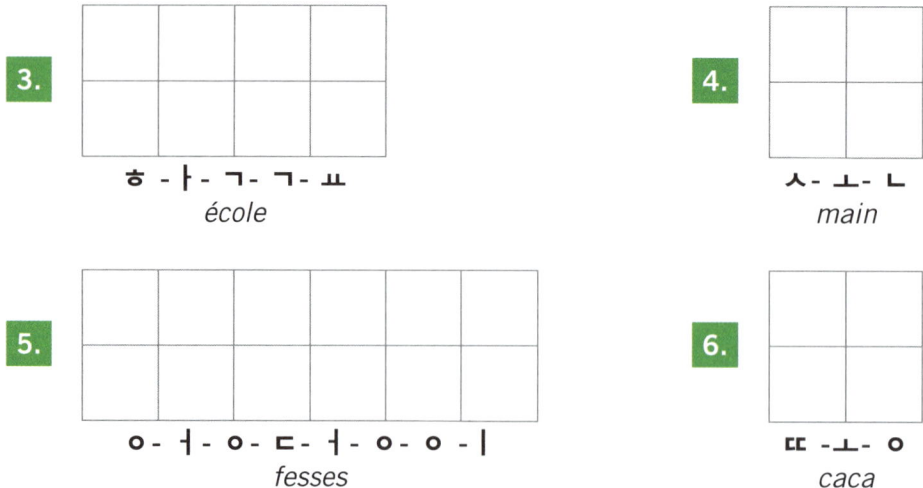

3. ㅎ-ㅏ-ㄱ-ㄱ-ㅛ
école

4. ㅅ-ㅗ-ㄴ
main

5. ㅇ-ㅓ-ㅇ-ㄷ-ㅓ-ㅇ-ㅇ-ㅣ
fesses

6. ㄸ-ㅗ-ㅇ
caca

축하합니다 (Félicitations!) Vous êtes venu à bout du chapitre 1 ! Il est maintenant temps de comptabiliser les icônes et de reporter le résultat en page 128 pour l'évaluation finale.

2 Les verbes

La formation des verbes

Les verbes coréens sont composés d'un radical et d'une terminaison qui définit le style de la phrase (ultra formel, poli ou familier). Il est important de savoir repérer l'infinitif qui est le mode utilisé dans les dictionnaires notamment. Celui-ci est formé à partir du radical suivi de **-다 -da**. Attention, apprenez à repérer l'infinitif, car le verbe une fois décliné peut être très différent.

Banque de mots

좋다	djôhda	être bien, bon
나쁘다	nappeuda	être méchant, mauvais
크다	kʰeuda	être grand
작다	djagda	être petit
비싸다	bissada	être cher, coûteux
싸다	ssada	être peu cher, bon marché
이다	ida	être
맛있다	masissda	être délicieux, bon (pour un met)
맛없다	masobsda	ne pas être délicieux, bon (pour un met)
예쁘다	yéppeuda	être joli

❶ Repérez le radical à partir de son infinitif.

1. 이다 → ....
2. 맛있다 → ....
3. 맛없다 → ....
4. 예쁘다 → ....

Les verbes d'état

Les verbes coréens se divisent en deux groupes : les verbes d'état et les verbes d'action. Les verbes d'état sont intransitifs et permettent de décrire l'état ou le statut de sujet, ex. : **큽니다 kʰeu-bnida**, *(Il) est grand* ; **아빠입니다 appa-i-bnida**, *(Je) suis papa*. Dans ces exemples, les verbes sont présentés avec la terminaison du style ultra formel que vous allez découvrir un peu plus loin dans ce chapitre.

CHAPITRE 2 : LES VERBES

 Reliez chaque verbe à sa traduction.

1. 비싸다 •
2. 좋다 •
3. 나쁘다 •
4. 크다 •
5. 작다 •

• a. être grand
• b. être bien, bon
• c. être petit
• d. être cher, coûteux
• e. être méchant, mauvais

Les verbes d'action

Ils servent à exprimer une action : **가다 gada**, *aller* ; **먹다 mogda**, *manger* ; **자다 djada**, *dormir* ; etc. D'un point de vue grammatical, ils peuvent être intransitifs, ex. : **자다 djada**, *dormir* ; **쉬다 swida**, *se reposer* ; **웃다 ousda**, *rire* ; **울다 oulda**, *pleurer* ; etc., ou transitifs et nécessiter des compléments, ex. : **사다 sada**, *acheter* (qqch.) ; **전화하다 djonhwahada**, *téléphoner* (à qqn) ; **만나다 mannada**, *rencontrer* (qqn) ; **주다 djouda**, *donner* (qqch. à qqn) etc.

Banque de mots

마시다	masida	*boire*
배우다	bèouda	*apprendre* (qqch.)
가르치다	galeutchida	*enseigner* (à qqn), *apprendre* (à qqn)
일하다	ilhada	*travailler* (dans une entreprise)*
공부하다	gôngbouhada	*étudier* (à l'école)*
사랑하다	salanghada	*aimer*

* Le verbe « travailler » en français a deux sens : travailler à l'école et travailler dans une entreprise. En coréen, on emploie deux verbes distincts.

CHAPITRE 2 : LES VERBES

3 Reliez chaque verbe à sa traduction.

1. 일하다 •
2. 만나다 •
3. 마시다 •
4. 사랑하다 •
5. 사다 •
6. 가르치다 •

• a. *travailler* (dans une entreprise)
• b. *boire*
• c. *rencontrer*
• d. *acheter*
• e. *aimer*
• f. *enseigner* (à qqn.)

Les registres de langue, le style ultra formel

Comme vous l'avez découvert au début de ce chapitre, en coréen, les verbes ne se conjuguent pas en fonction du sujet, mais ils varient selon le registre de langue. On distingue trois registres de politesse : ultra formel, poli ou familier. On choisit le registre selon le contexte, l'interlocuteur et l'occasion.

Le style ultra formel s'emploie souvent dans des occasions officielles : présentation ou discours devant un public, rencontre professionnelle, etc. ainsi qu'à l'écrit.

Comment conjugue-t-on au style ultra formel ?
Il faut d'abord isoler la dernière syllabe de l'infinitif (inf.) : -다. Les lettres qui se trouvent avant cette syllabe constituent le « radical ». Exemple : *manger* : inf. 먹다 **mogda**, radical 먹 ; *aller* : inf. 가다 **gada**, radical 가.
Ensuite, accoler les terminaisons suivantes selon la dernière lettre du radical :
- 습니다 - **seubnida** lorsque le radical se termine par une consonne,
  ex. *manger* : 먹 + 습니다 → 먹습니다
- ㅂ니다 - **bnida** lorsque le radical se termine par une voyelle,
  ex. *aller* : 가 + ㅂ니다 → 갑니다

4 Formez le style ultra formel à partir des verbes suivants à l'infinitif.

1. 만나다   *rencontrer*   → ....
2. 좋다   *être bien*   → ....
3. 사랑하다 *aimer*   → ....
4. 일하다   *travailler*   → ....
5. 작다   *être petit*   → ....
6. 이다   *être*   → ....

CHAPITRE 2 : LES VERBES

Les registres de langue, le style poli

Le style poli sert à dépeindre un ton poli mais décontracté. C'est le style qu'on emploie le plus souvent dans les conversations de la vie courante : conversation avec les voisins, avec la belle famille, dans un commerce, et pour s'adresser aux personnes plus âgées.

Comment conjugue-t-on au style poli ?
Il faut d'abord isoler le radical, puis y accoler une terminaison selon la dernière voyelle du radical :
- ajoutez **-아요 -ayô** lorsque la dernière voyelle se termine par ㅏ **a** ou ㅗ **ô**, ex. : *aller* 가 + 아요 ➔ 가요 (아 contracté)
- ajoutez **-어요 -oyô** si la dernière voyelle est autre, ex. : *manger* 먹 + 어요 ➔ 먹어요

Important à savoir : la conjugaison au style poli nécessite souvent l'élision des voyelles qui peuvent se chevaucher, ex. : 오 (오다, *venir*) + 아요 ➔ 와요 (ㅗ et ㅏ se contractent en ㅘ), 가르치 (가르치다, *apprendre* (à qqn) + 어요 ➔ 가르쳐요 (ㅣ et ㅓ se contractent en ㅕ). Ne vous inquiétez pas, vous découvrirez au chapitre 5 la conjugaison qui relève d'une forme irrégulière.

 Entourez la forme correcte au style poli.

	infinitif	verbe au style poli		traduction
1.	웃다	a. 웃아요	b. 웃어요	*rire*
2.	좋다	a. 좋아요	b. 좋어요	*être bien*
3.	사다	a. 사아요 b. 사요	c. 사어요	*acheter*
4.	맛있다	a. 맛있아요	b. 맛있어요	*être délicieux, bon* (pour un met)
5.	작다	a. 작아요	b. 작어요	*être petit*
6.	자다	a. 자아요 b. 자요	c. 자어요 d. 저요	*dormir*
7.	울다	a. 울아요	b. 울어요	*pleurer*

Dire « je, moi » aux différents styles

나, *je, moi* s'accorde avec le style familier et 저, *je, moi* s'accorde avec le style poli et ultra formel.
Exemples : **나는 세 살이야**, *J'ai 3 ans* (litt. *moi* [-P. thème] *trois* [classificateur pour âge] *-être*)
저는 서른 일곱 살입니다, *J'ai 37 ans* (litt. *moi* [-P. thème] *trente-sept* [classificateur pour âge] *-être*).

CHAPITRE 2 : LES VERBES

Les registres de langue, le style familier

Le style familier s'emploie entre amis très proches ayant le même âge, au sein de la famille et du couple, entre des enfants, etc. Attention, ce style peut également dénoter un manque de politesse. Employez ce style avec prudence, car il n'est pas automatique dans les situations décrites ci-dessus. Dans le doute, préférez le style poli !

Comment conjugue-t-on au style familier ?
Il faut d'abord isoler le radical, puis y accoler une terminaison selon la dernière voyelle du radical :
- ajoutez **-아 -a** lorsque la dernière voyelle se termine par ㅏ **a** ou ㅗ **ô**,
  ex. : *aller* 가 (가다) + 아 ➔ 가 (아 contracté)
- ajoutez **-어 -o** lorsque la dernière voyelle est autre,
  ex. : *manger* 먹 (먹다) + 어 ➔ 먹어

Vous avez certainement remarqué que cette forme est presque identique à la conjugaison au style poli sauf qu'on enlève la dernière lettre 요 -yô du style poli.

 Entourez la forme correcte au style familier.

	infinitif	verbe au style familier		traduction
1.	가다	a. 가아 b. 가	c. 가어	*aller*
2.	울다	a. 울어	b. 울아	*pleurer*
3.	쉬다	a. 쉬아	b. 쉬어	*se reposer*
4.	맛없다	a. 맛없아	b. 맛없어	*ne pas être bon* (pour un met)
5.	작다	a. 작아	b. 작어	*être petit*
6.	비싸다	a. 비싸아 b. 비싸	c. 비싸어	*être cher*
7.	싸다	a. 싸아 b. 싸	c. 싸어	*être peu cher*

15

CHAPITRE 2 : LES VERBES

La construction des phrases

Les phrases ne se construisent pas de la même manière en français et en coréen. En coréen, on commence par le sujet (S) que l'on peut omettre s'il n'y a pas d'ambiguïté, suivi du ou des complément(s) d'objet du verbe (O) qu'on peut également omettre et on termine par le verbe (V). L'ordre des mots est donc : SOV. Sachez qu'un seul verbe peut être une phrase complète, ex. : 자요 **dj-ayô** *(Je) dors* ; 맛있습니다 **masiss-seubnida**, *(C')est délicieux*. Seul un point final permet alors de signifier la fin de la phrase.

 Traduisez les phrases suivantes dans le style demandé.

Ex. : *(Je t')aime* ➜ (ultra formel) 사랑합니다.

1. *(C')est bien.* ➜ (poli) ....
2. *(Je) travaille (dans une entreprise).* ➜ (ultra formel) ....
3. *(C')est joli.* ➜ (ultra formel) ....
4. *(C')est bien.* ➜ (familier) ....
5. *(Elles sont) petites.* ➜ (familier) ....
6. *(C')est bien.* ➜ (ultra formel) ....
7. *(Je) dors.* ➜ (poli) ....

Le verbe 이다, *être*

Le verbe 이다 **i-da**, *être*, est un verbe particulier. En temps normal, dans une phrase il faut laisser un espace entre chaque élément : sujet (S), objet (O) et verbe (V). Cependant, dans le cas du verbe 이다, *être*, il faut l'accoler directement à son complément, ex. : 한글입니다 **hangeul-i-bnida**, *(C')est en hangeul* ; 동물입니다 **dôngmoul-i-bnida**, *(C')est un animal* ; 루까입니다 **Loukka-i-bnida**, *(Je) suis Lucas*.

De plus, ce verbe a une forme particulière quand on le conjugue au style poli et au style familier. Au style poli, il prend la forme 이에요 **-iéyô** si le complément se termine par une consonne, ex. : 동물이에요, *(C')est un animal*, et 예요 **-yéyô** s'il se termine par une voyelle, ex. : 루까예요, *(Je) suis Lucas*. Au style familier, il prend la forme 이야 **-iya** si le complément se termine par une consonne, ex. : 동물이야 et 야 **-ya** s'il se termine par une voyelle, ex. : 루까야.

CHAPITRE 2 : LES VERBES

8. Choisissez la bonne forme du verbe 이다 en respectant le style proposé entre parenthèses.

Ex. : *(C')est du kimchi.* ➜ (ultra formel)
   a. 김치야.   b. 김치입니다.   c. 김치입습니다.   d. 김치이에요.

1. *(Ce) sont des fraises.* ➜ (poli)
   a. 과일이에요.   b. 딸기 예요.   c. 과일예요.   d. 딸기예요.

2. *(Je) suis (sa) fille.* ➜ (poli)
   a. 딸입니다.   b. 딸이에요.   c. 딸이야.   d. 딸예요.

3. *(C')est gratuit.* ➜ (familier)
   a. 공짜야.   b. 공짜습니다.   c. 공짜입니다.   d. 공짜이야.

4. *(C')est une école.* ➜ (ultra formel)
   a. 바다입니다.   b. 가족입니다.   c. 학교입니다.   d. 학교예요.

5. *(Je) suis (son) père.* ➜ (ultra formel)
   a. 아버지 입니다.   b. 아버지입니다.   c. 어머니입니다.   d. 아버지입습니다.

6. *(C')est (ma) famille.* ➜ (poli)
   a. 아기예요.   b. 가족이야.   c. 가족이에요.   d. 가족예요.

Avez-vous remarqué que pour dire sa fille, son père, ma famille, en coréen, on n'emploie pas le pronom possessif ? En effet, si ce n'est pas ambigu, on ne le précise pas. En plus, au lieu d'utiliser le pronom possessif, on préfère personnaliser, ex. : Je suis la fille de David Juquel, Je suis le père de Dani Juquel. Vous découvrez ainsi l'art de la langue coréenne : l'omission et la personnalisation !

CHAPITRE 2 : LES VERBES

La phrase interrogative

Pour former une phrase interrogative, c'est tout simple. Voici la méthode selon le style :
- Au style ultra formel, il suffit de mettre -습니까 ? -seubnikka après le radical s'il se termine par une consonne et -ㅂ니까 ? -bnikka ? après le radical s'il se termine par une voyelle, ex. : 웃 (웃다, *rire*) + 습니까 ? → 웃습니까 ? ous-seubnikka, *(Vous) riez ?* ; 사 (사다 , *acheter*) + ㅂ니까 ? → 삽니까 ? sa-bnikka, *(Vous) achetez ?*
- Au style poli, il suffit de mettre un point d'interrogation, ex. : 웃어요 ? ; 사요 ?
- Au style familier, il suffit également de mettre un point d'interrogation, ex. : 웃어 ? ; 사 ?

Banque de mots

학생	hagsèng	*étudiant*
선생님	sonsèngnim	*professeur*
회사원	hwésawon	*employé* (d'une entreprise), *salarié*
의사	euisa	*médecin*
간호사	ganhôsa	*infirmier*
예	yé	*oui* (style poli)
아니요	aniyô	*non* (style poli)

 **Écrivez les phrases suivantes en coréen.**

Ex. : *Êtes(-vous) étudiant ?* (poli) → 학생이에요 ?

1. *Oui, (je) suis étudiant.* (poli) → ....
2. *Êtes-vous professeur ?* (ultra formel) → ....
3. *Non, (je) suis employé.* (ultra formel) → ....
4. *Est-(il) médecin ?* (poli) → ....
5. *Non, (il) est infirmier.* (poli) → ....
6. *(Vous l')aimez ?* (ultra formel) → ....
7. *Est-(ce) cher ?* (poli) → ....
8. *(Tu) pleures ?* (familier) → ....
9. *Est-(ce) délicieux ?* (poli) → ....

CHAPITRE 2 : LES VERBES

Vous avez remarqué ?
Même lorsqu'on parle de personnes,
le masculin et le féminin n'existent pas !

10 Traduisez les phrases suivantes.

1. 다니 (Dani) 아버지입니다.
→ ....

2. 회사원입니다.
→ ....

3. 쥬니 (Juni) 어머니입니다.
→ ....

4. 선생님입니다.
→ ....

5. 다니예요.
→ ....

6. 예쁩니다.
→ ....

7. 쥬니예요.
→ ....

8. 자요.
→ ....

축하합니다 (Félicitations !) Vous êtes venu à bout du chapitre 2 ! Il est maintenant temps de comptabiliser les icônes et de reporter le résultat en page 128 pour l'évaluation finale.

Les particules

Définition et règles

En coréen, l'ordre des mots n'est pas rigide. Habituellement, on commence une phrase par un sujet, mais on peut également commencer par un complément d'objet si on veut mettre l'emphase sur ce dernier. Pour identifier la fonction grammaticale du nom dans la phrase, on utilise le dispositif de « la particule ». Les particules ne peuvent pas être traduites en français car elles n'ont aucun sens, elles servent simplement de point de repère pour savoir si le nom est sujet, thème ou complément (ex. objet, etc.). Par exemple avec le verbe 보다 bôda, *regarder, voir*.

다니가 쥬니를 봐요 **Dani-ga Juni-leul bw-ayô**, *Dani regarde Juni.*

C'est grâce à la particule de sujet 가 **-ga**, placée sur Dani, que l'on sait que c'est Dani qui fait l'action de regarder Juni. Et grâce à la particule de complément d'objet direct (COD) 를 **-leul**, placée sur Juni, on sait que c'est Juni qui est regardé.

다니를 쥬니가 봐요 **Dani-leul Juni-ga bw-ayô**, *Juni regarde Dani.*

Ici, la particule de sujet étant placée sur Juni, on sait que c'est Juni qui regarde Dani même s'il se trouve au milieu de la phrase.

La particule se colle derrière le mot et possède souvent deux formes différentes selon la dernière lettre du mot à définir.

Voici un tableau récapitulatif :

	après une consonne	après une voyelle
particule de sujet	이 -i	가 -ga
particule de thème	은 -eun	는 -neun
particule de COD	을 -eul	를 -leul

❶ Choisissez la bonne particule selon la dernière lettre du mot à définir. Concentrez-vous uniquement sur la dernière lettre du mot (voyelle ou consonne).

1. 다니 (은 / 는) 한국 사람이에요, *Dani est coréenne.*

2. 선생님 (은 / 는) 학교에 있어요, *Le professeur est à l'école.*

3. 사과 (이 / 가) 맛있어요, *(Cette) pomme est bonne.*

4. 가방 (이 / 가) 비싸요, *(Ce) sac est cher.*

5. 물 (을 / 를) 마셔요, *(Je) bois de l'eau.*

6. 친구 (을 / 를) 만나요, *(Je) vois (mes) amis.*

CHAPITRE 3 : LES PARTICULES

La particule de sujet 이 / 가

Pour indiquer qu'un nom est le sujet de la phrase, il est marqué par la particule de sujet (P. sujet) 이 / 가. Lorsque le nom se termine par une consonne, on emploie 이 **-i**, s'il se termine par une voyelle, on utilise 가 **-ga**.

Pour vous aider à comprendre la construction des phrases coréennes et la place de chaque mot, nous vous proposons une traduction littérale (litt.) en plus de la traduction officielle. Exemples :
눈이 큽니다 **noun-i k^{h}eu-bnida**, *Les yeux sont grands* (litt. *œil* [-P. sujet] *être-grand*) ;
코가 작습니다 **k^{h}ô-ga djag-seubnida**, *Le nez est petit* (litt. *nez* [-P. sujet] *être-petit*)

Banque de mots

사탕	sat^{h}ang	bonbon
달다	dalda	être sucré
간장	gandjang	sauce soja
짜다	tsada	être salé
레몬	lémôn	citron

시다	sida	être acide
커피	k^{h}op^{h}i	café (boisson)
쓰다	sseuda	être amer
고추	gôtchou	piment
맵다	mèbda	être pimenté

2 Choisissez la bonne particule de sujet (이 / 가) pour décrire le goût.

1. 사탕……달아요, *le bonbon est sucré* (litt. *bonbon* [-P. sujet] *être-sucré*)

2. 간장……짭니다, *la sauce soja est salée* (litt. *sauce-soja* [-P. sujet] *être-salée*)

3. 레몬……십니다, *le citron est acide* (litt. *citron* [-P. sujet] *être-acide*)

4. 커피……씁니까 ?, *Le café est-il amer ?* (litt. *café* [-P. sujet] *être-amer*)

5. 고추……맵습니까 ?, *Le piment est-il pimenté ?* (litt. *piment* [-P. sujet] *être-pimenté*)

CHAPITRE 3 : LES PARTICULES

Les verbes 있다, *avoir* et 없다, *ne pas avoir*

Le verbe d'état **있다 issda** est un verbe qu'on emploie très souvent en coréen. Ce verbe peut se traduire de plusieurs façons en français, ex. : **차가 있습니다 tcha-ga iss-seubnida**, *Il y a une voiture, (J')ai une voiture* (litt. *voiture [-P. sujet] exister*). Sa version négative est **없다 obsda**, ex. : **차가 없습니다 tcha-ga obs-seubnida**, *Il n'y a pas de voiture, (Je) n'ai pas de voiture* (litt. *voiture [-P. sujet] ne-pas-exister*).

Banque de mots

동물원	dôngmoulwon	zoo
사자	sadja	lion
코끼리	kʰôkkili	éléphant
기린	gilin	girafe
새	sè	oiseau
집	djib	maison

네	né	oui (style poli)
고양이	gôyang'i	chat
강아지	gang'adji	petit chien
뱀	bèm	serpent

3 Complétez la conversation au style ultra formel en vous aidant de la traduction.

1. .... 입니다, *(C')est un zoo* (litt. *zoo-être*)
2. 사자 ...... 있습니까 ?, *Il y a un lion ?*
   네, 있습니다, *Oui, il y (en) a (un).*
3. 코끼리가 있습니까 ?, *Il y a des éléphants ?*
   아니요, ..., *Non, il n'y (en) a pas.*
4. 기린이 .... ?, *Il y a des girafes ?*
   아니요, 기린이 없습니다, *Non, il n'y a pas de girafes.*
5. 새가 있습니까 ?, *Il y a des oiseaux ?* ......, 새가 있습니다, *Oui, il y a des oiseaux.*
6. ...., *(C')est une maison* (litt. *maison-être*).
7. 고양이 ...... 있습니까 ?, *Il y a un chat ?* 아니요, 없습니다, *Non, il n'y (en) a pas.*
8. .... ?, *Il y a un petit chien ?*
   네, 강아지가 있습니다, *Oui, il y a un petit chien.*
9. 뱀이 있습니까 ?, *Il y a un serpent ?* ...., ..., *Oui, il y a un serpent.*

CHAPITRE 3 : LES PARTICULES

La particule de thème 은 / 는

La particule de thème (P. Thème) permet d'indiquer le <u>sujet de la phrase</u> entière alors que la particule de sujet indique le <u>sujet du verbe</u>.

Comment emploie-t-on la particule de thème ? On accole 은 **-eun** au nom lorsqu'il se termine par une consonne et 는 **-neun** quand il se termine par une voyelle.
Par exemple :
다니는 눈이 큽니다 Dani-neun noun-i kʰeu-bnida, *Dani a de grands yeux* (litt. *Dani* [-P. thème] *œil* [-P. sujet] *être-grand*) ;
학생은 코가 작습니다 hagsèng-eun kʰô-ga djag-seubnida, *(Cet) étudiant a un petit nez* (litt. *étudiant* [-P. thème] *nez* [-P. sujet] *être-petit*).

Banque de mots

저	djo	je, me, moi
친구	tchin'gou	ami
많다	manhda	être nombreux, avoir beaucoup
가방	gabang	sac
동생	dôngsèng	petit frère / petite sœur
장난감	djangnan'gam	jouet
책	tchèg	livre

4 Choisissez la bonne particule (sujet ou thème) pour compléter la phrase.

1. 저……친구가 많습니다, *J'ai beaucoup d'amis* (litt. *moi, ami est nombreux*).

2. 엄마는 가방……많습니다, *(Ma) maman a beaucoup de sacs* (litt. *maman, sac est nombreux*).

3. 아빠는 차……있습니다, *(Mon) papa a une voiture* (litt. *papa, voiture existe*).

4. 동생……장난감……많습니다, *(Mon) petit frère / (Ma) petite sœur a beaucoup de jouets* (litt. *petit frère / petite sœur, jouet est nombreux*).

5. 학생……책……많습니다, *Les étudiants ont beaucoup de livres* (litt. *étudiant, livre est nombreux*).

CHAPITRE 3 : LES PARTICULES

La particule de thème et les pronoms personnels

En français, les pronoms personnels se déclinent en fonction de leur rôle grammatical dans la phrase : *je, tu* occupent la place du sujet alors que les pronoms personnels *me, te* occupent la place de COD.

Le pronom personnel coréen est unique. Par exemple 저 **djo** peut indiquer le cas de sujet *je*, d'objet *me*, et également la forme tonique *moi*. En effet, c'est la particule qui va distinguer s'il s'agit du sujet ou de l'objet. Vous apprendrez à les utiliser petit à petit.

La particule de thème sert à identifier les pronoms personnels sujets :
저, *je* ; 우리, *nous*.
저는 선생님입니다 **djo-neun sonsèngnim-i-bnida**, *Je suis professeur* ;
우리는 학생입니다 **ouli-neun hagsèng-i-bnida**, *Nous sommes étudiants*.

Les pronoms personnels de deuxième et troisième personne : 너, *tu* (familier) ; 너희들, *vous* (le *tu* familier au pluriel) ; 당신, *vous* (poli), 당신들, *vous* (poli au pluriel) ; 그, *il* ; 그녀, *elle* ; 그들, *ils* ; 그녀들, *elles* existent en coréen, mais on ne les emploie pas souvent. On préférera personnaliser en utilisant le prénom, le nom de métier, etc.

Exemples : 선생님은 프랑스 사람이에요 ? **sonsèngnim-eun pʰeulangseu salam-iéyô**, *Professeur, êtes(-vous) français ?* ; 루까는 책이 많아요 **loukka-neun tchèg-i manh-ayô**, *Lucas, (il) a beaucoup de livres* (litt. *Lucas, livre est nombreux*).

La nationalité s'exprime de la manière suivante : nom du pays + 사람, personne, par exemple :
프랑스 + 사람 = 프랑스 사람, français.

Il existe une version sino-coréenne pour exprimer la nationalité. On accole le terme sino-coréen 인, personne après le nom de pays.
Soit : 프랑스인 pʰeulangseu'in, français.

Banque de mots

프랑스	pʰeulanseu	France		영국	yonggoug	Grande-Bretagne
한국	han'goug	Corée		미국	migoug	États-Unis
일본	ilbôn	Japon		스페인	seupʰéin	Espagne
중국	djounggoug	Chine		아랍	alab	arabe
캐나다	kʰènada	Canada				

CHAPITRE 3 : LES PARTICULES

 Complétez les phrases en donnant les nationalités.

1. 루까 ...... 프랑스 사람이에요, *Lucas est français.*
2. 다니는 ...... 사람입니까 ?, *Dani, est-elle coréenne ?*
3. 쥬니는 ....이에요 ?, *Juni, est-il japonais ?*
4. 선생님 ...... 캐나다 사람이에요 ?, *(Professeur) êtes-vous canadien ?*
5. 에바는 영국 ...... 입니다, *Éva est anglaise.*
6. 헤미는 ......이에요 ?, *Rémi, est-il américain ?*

 Complétez les phrases avec la particule de thème.

1. .... 다니 아빠입니다, *Je suis le papa (de) Dani.*
2. 다니 .... 친구가 많아요, *Le papa (de) Dani a beaucoup d'amis.*
3. .... 쥬니 가족이에요, *Nous sommes la famille (de) Juni.*
4. 쥬니 .... 프랑스 사람입니다, *Ils (litt. Juni famille) sont français.*
5. 에바 .... 루까 엄마입니다, *Éva est la maman (de) Lucas.*
6. 다니 .... 다비드입니다, *Le papa (de) Dani est David.*
7. .... 큽니다, *David est grand.*

En coréen, il existe également une particule du possessif 의, eui, de, ex. : 다니 (의) 아빠, le papa de Dani (litt. Dani [-P. possessif] papa), mais encore une fois, on l'omet s'il n'y a pas d'ambiguïté. Vous remarquerez que l'ordre des mots est inversé par rapport au français.

CHAPITRE 3 : LES PARTICULES

La particule de complément d'objet direct 을 / 를

C'est la nature du verbe qui décide s'il faut ajouter des éléments à la phrase (COD, COI, temps, destination, etc.). Il faut ensuite les identifier avec des particules.

Les verbes transitifs nécessitent un complément d'objet direct. On indique celui-ci en y accolant la particule de complément d'objet direct (P. COD) 을 **-eul** ou 를 **-leul**.

On emploie 을 lorsque le COD se termine par une consonne et 를 quand il se termine par une voyelle.

Exemples : **사과를 사요 sagwa-leul s-ayô**, *(J')achète une pomme* (litt. *pomme* [-P. COD] *acheter*) ; **선생님을 만나요, sonsèngnim-eul man-ayô,** *(Je) rencontre (mon) professeur* (litt. *professeur* [-P. COD] *rencontrer*).

Banque de mots

꽃	kkôtch	fleur
좋아하다	djôhahada	bien aimer
사랑하다	salanghada	aimer
컴퓨터	kʰompʰyoutʰo	ordinateur
신발	sinbal	chaussure
팔다	pʰalda	vendre

7 Complétez avec la bonne particule (sujet, thème ou COD) en regardant bien le verbe.

1. 엄마는 꽃… 좋아합니다, *(Ma) maman aime bien la fleur* (litt. *maman aime fleur.*)

2. 저… 사랑합니다, *J'aime (quelqu'un).*

3. 저… 사랑합니까 ?, *(Vous) m'aimez ?*

4. 컴퓨터… 삽니다, *(J')achète un ordinateur.*

5. 컴퓨터… 좋아요, *(Mon) ordinateur est bien.*

6. 신발… 팔아요, *(On) vend les chaussures.*

7. 신발… 커요 ? 작아요 ?, *Les chaussures sont grandes ou petites ?*

CHAPITRE 3 : LES PARTICULES

Les particules d'objet indirect
에게 / 한테 et 에게서 / 한테서

Les verbes transitifs peuvent également s'employer avec un complément d'objet indirect. On peut marquer celui-ci par la particule de complément d'objet indirect (P. COI) **에게 -égé** ou **한테 -hant^{h}é**, *à quelqu'un*.

Cette fois-ci on ne choisit pas la particule en fonction de la dernière lettre du complément. La différence réside dans le fait que **한테** s'emploie plutôt à l'oral qu'à l'écrit.

Exemple : **친구에게 전화합니다**, **tchin'gou-égé djonhwaha-bnida**, *(Je) téléphone à un ami* (litt. *ami* [-P. COI] *téléphoner*) ;

동생한테 사과를 줘요, **dôngsèng-hant^{h}é sagwa-leul jw-oyô**, *(Je) donne une pomme à (mon) petit frère / (ma) petite sœur* (litt. *petit frère / petite sœur* [-P. COI] *pomme* [-P COD] *donner*).

Pour parler de la provenance, on emploie **에게서 -égéso** ou **한테서 -hant^{h}éso**, *de quelqu'un*.

Exemple : **부모님한테서 용돈을 받아요**, **boumônim-hant^{h}éso yôngdôn-eul bad-ayô**, *(Je) reçois l'argent de poche de (mes) parents* (litt. *parent* [-P. COI] *argent de poche* [-P. COD] *recevoir*).

Banque de mots

부모님	**boumônim**	*parent*
용돈	**yôngdôn**	*argent de poche*
받다	**badda**	*recevoir*
남자	**namdja**	*homme, garçon*
여자	**yodja**	*femme*
선물	**sonmoul**	*cadeau*
보내다	**bônèda**	*envoyer*
초콜릿	**tchôk^{h}ôllis**	*chocolat*
과자	**gwadja**	*gâteaux, confiserie*

CHAPITRE 3 : LES PARTICULES

8 Complétez les phrases à l'aide de la traduction.

1. 남자 친구………… 선물을 보내요, *(J')envoie un cadeau à (mon) petit ami.*
2. 여자 친구………… 선물을 받아요, *(Je) reçois un cadeau de (ma) petite amie.*
3. 다니…… 루까………… 초콜릿을 줘요, *Dani donne un chocolat à Lucas.*
4. 루까…… 다니………… 초콜릿……… 받아요, *Lucas reçoit un chocolat de (la part de) Dani.*
5. 루까…… 다니………… 과자……… 줘요, *Lucas donne un gâteau à Dani.*
6. ……………………………………, *Dani reçoit un gâteau de (la part de) Lucas.*

9 Traduisez en français.

1. 다니는 쥬니에게 초콜릿을 줍니다.

   → ……………………………………………………………………

2. 쥬니는 루까에게 과자를 줍니다.

   → ……………………………………………………………………

3. 부모님은 루까에게 용돈을 줍니다.

   → ……………………………………………………………………

4. 여자 친구한테서 선물을 받아요.

   → ……………………………………………………………………

5. 남자 친구에게서 초콜릿을 받아요.

   → ……………………………………………………………………

> Avez-vous remarqué comment parler de la personne avec qui on est ? Il faut d'abord préciser le sexe et ajouter le mot 친구, ami ; 남자 친구, petit ami ; 여자 친구, petite amie.

CHAPITRE 3 : LES PARTICULES

Les particules de lieu 에 et 에서

Pour indiquer le complément de lieu, on utilise la particule de lieu (P. lieu) **에** -**é** ou **에서** -**éso**.

La particule **에** indique la destination : *à/en* (quelque part), alors que la particule **에서** indique la provenance : *de* (quelque part). Exemples :

학교에 가요 haggyô-é g-ayô, *(Je) vais à l'école* ;

학교에서 와요 haggyô-éso w-ayô, *(Je) viens de l'école.*

Ces particules s'emploient également pour marquer la position des éléments ou le lieu de l'action. On emploie **에** pour donner une position dans l'espace alors qu'on emploie **에서** pour le lieu de l'action. Exemples :

집에 있어요 djib-é iss-oyô, *(Je) reste/suis à la maison* (litt. *maison* [-P. lieu] *exister*) ;
집에서 자요 djib-éso dj-ayô, *(Je) dors à la maison* (litt. *maison* [-P. lieu] *dormir*).
Autrement dit, on emploie **에** avec les verbes d'état et **에서** avec les verbes d'action.

Attention ! En français, on emploie le verbe « être » pour dire « être quelque part » alors qu'en coréen on emploie le verbe 있다, *(litt. exister), avec la particule de lieu* 에.

Banque de mots

할머니	halmoni	*grand-mère*
할아버지	halabodji	*grand-père*
돌아오다	dôlaôda	*rentrer (de)*
회사	hwésa	*entreprise, lieu de travail*
텔레비전	thélébidjon	*télévision*
살다	salda	*vivre, habiter*
주머니	djoumoni	*poche*
동전	dôngdjon	*monnaie*

CHAPITRE 3 : LES PARTICULES

10 **Complétez les phrases à l'aide de la traduction.**

1. 다니는 학교…… 가요. 학교…… 친구를 만나요,
   Dani va à l'école. (Elle) y voit (ses) amis.

2. 쥬니는 한국…… 가요. 한국………… 할머니, 할아버지를 만나요. 한국……
   돌아와요,
   Juni va en Corée. (Il) y voit (sa) grand-mère (et son) grand-père. (Il) rentre de Corée.

3. 루까는 ……… 갑니다. ………… 일합니다, *Lucas va au travail. (Il) y travaille.*

4. 까롤은 ……… 있어요. ………… 텔레비전을 봐요,
   Carole est à la maison. (Elle) y regarde la télévision.

5. 윤지는 한국…… 살아요. 다비드는 프랑스…… 살아요,
   Yunji habite en Corée. David habite en France.

6. 가방…… 책…… 있습니다, *Il y a des livres dans (mon) sac.*

7. 주머니…… 동전…… 많습니다, *Il y a beaucoup de monnaie dans (ma) poche.*

> Notez que le verbe 살다, vivre, habiter, peut demander les deux particules 에 et 에서, car le lieu peut être non seulement un lieu de position, mais aussi un lieu de l'action.

축하합니다 (Félicitations !) Vous êtes venu à bout du chapitre 3 ! Il est maintenant temps de comptabiliser les icônes et de reporter le résultat en page 128 pour l'évaluation finale.

Les particules (suite)

La particule de temps 에

Les mots/termes employés en tant que compléments circonstanciels de temps sont marqués par la particule de temps 에 -é, ex. : 월요일에 학교에 가요 wolyôil-é haggyô-é g-ayô, *Lundi, (je) vais à l'école* (litt. *lundi* [-P. temps] *école* [-P. lieu] *aller*). Elle a la même forme que la particule de lieu.

Attention toutefois : 월요일을 좋아해요 wolyôil-eul djôhahèyô, *(J')aime le lundi* (litt. *lundi* [-P. COD] *aimer*). Dans la première phrase, « lundi » est le complément de temps, il est donc marqué par la particule de temps. Dans la deuxième phrase, « lundi » est le COD, il est donc marqué par la particule de COD.

Banque de mots

월요일	wolyôil	lundi
화요일	hwayôil	mardi
수요일	souyôil	mercredi
목요일	môgyôil	jeudi
금요일	geumyôil	vendredi
토요일	tʰôyôil	samedi
일요일	ilyôil	dimanche
어디	odi	où

우체국	outchégoug	bureau de poste
공원	gông'won	parc
슈퍼마켓	syoupʰomakʰés	supermarché
영화관	yonghwagwan	salle de cinéma
식당	sigdang	restaurant
시골	sigôl	campagne
물	moul	eau

❶ En regardant le planning de la semaine de Juni, complétez les phrases.

월요일	화요일	수요일	목요일	금요일	토요일	일요일
우체국	공원	슈퍼마켓	집	영화관	식당	시골

1. .... 어디에 가요 ? *Lundi, où (tu) vas ?* 우체국에 가요 *(Je) vais à la poste.*

2. 화요일에 어디에 가요 ? *Mardi, où (tu) vas ?* .... 가요 *(Je) vais au parc.*

3. .... ? *Mercredi, où (tu) vas ?* 슈퍼마켓에 가요. 슈퍼마켓에서 ...... 사요 *(Je) vais au supermarché. (J')y achète de l'eau.*

4. 목요일에 어디에 가요 ? *Jeudi, où (tu) vas ?* 집에 .... *(Je) reste à la maison.*

CHAPITRE 4 : LES PARTICULES (SUITE)

5. .... 식당에 ......? *Vendredi, (tu) vas au restaurant ?*

   아니요, ... 가요 *Non, (je) vais au cinéma.*

6. .... ? *Samedi, (tu) vas au restaurant ?*

   네, 식당에 가요 *Oui, (je) vais au restaurant.*

7. .... ? *Dimanche, où (tu) vas ?*

   시골에 가요. 시골에서 할머니, 할아버지를 만나요

   (Je) vais à la campagne. (J')y vois (ma) grand-mère (et mon) grand-père.

Les exceptions

Certains mots comme 오늘 **ôneul**, *aujourd'hui* ; 내일 **nèil**, *demain* ; 지금 **djigeum**, *maintenant* ; 어제 **odjé**, *hier*, ne nécessitent pas de particule de temps, ex. : 오늘 공원에서 여자 친구를 만나요 **ôneul gông'won-éso yodja tchin'gou-leul mann-ayô**, *Aujourd'hui, (je) vois (ma) petite amie au parc.*

2 **Indiquez si la phrase est correcte ou non, et corrigez-la si besoin.**

Ex. : 오늘은 화요일입니다 *Aujourd'hui, (c')est mardi* (litt. *aujourd'hui, mardi-être*).
→ (correct)
오늘에 공원에 갑니다 *Aujourd'hui, (je) vais au parc.* → (faux) → 오늘

1. 어제는 월요일이었어요 *Lundi, (c')était hier.* → .... →

2. 내일은 수요일입니까 ? *Demain, (nous) sommes mercredi ?* → ....

   → ....

3. 지금 어디에 있어요 ? *Où êtes-(vous) maintenant ?* → .... → ....

4. 지금에 만나요 ? *(On) se voit maintenant ?* → .... → ....

5. 내일에 회사에서 일합니다 *Demain, (il) travaille à (son) entreprise.* → ....

   → ....

Avez-vous noté la marque du passé 었 -oss- dans la première phrase de l'exercice 2 ? Nous l'aborderons dans le chapitre 6.

CHAPITRE 4 : LES PARTICULES (SUITE)

Banque de mots

무슨	mouseun	quel
요일	yôil	jour de la semaine
편지	pʰyondji	lettre
우표	oupʰyô	timbre
맥주	mègdjou	bière
라면	lamyon	nouilles instantanées
주스	djouseu	jus (de fruits)
빵	ppang	pain

그저께	geudjokké	avant-hier
모레	môlé	après-demain
영화	yonghwa	cinéma
재미있다	djèmiissda	être drôle, amusant, intéressant

3 En regardant le planning de l'exercice 1, indiquez quel jour de la semaine nous sommes pour chaque phrase.

1. 오늘은 토요일입니다. 식당에 갑니다. 어제는 무슨 요일입니까 ?
   (litt. *aujourd'hui* [-P. thème] *samedi-être. restaurant* [-P. lieu] *aller. hier* [-P. thème] *quel jour-de-la-semaine-être ?*)

   → .... 입니다.

2. 편지를 보냅니다. 우표를 삽니다. 오늘은 무슨 요일입니까 ?
   (litt. *lettre* [-P. COD] *envoyer. timbre* [-P. COD] *acheter. aujourd'hui* [-P. thème] *quel jour-de-la-semaine-être ?*)

   → .... 입니다.

3. 지금 슈퍼마켓에서 맥주, 라면, 주스, 빵을 삽니다. 내일은 집에 있습니다. 내일은 무슨 요일입니까 ? (litt. *maintenant supermarché* [-P. lieu] *bière, nouilles-instanées, jus, pain* [-P. COD] *acheter. demain* [-P. thème] *maison* [-P. lieu] *se-trouver. demain* [-P. thème] *quel jour-de-la-semaine-être ?*)

   → .... 입니다.

4. 어제는 목요일, 내일은 토요일입니다. 오늘은 무슨 요일입니까 ?
   (litt. *hier* [-P. thème] *jeudi, demain* [-P. thème] *samedi-être. aujourd'hui* [-P. thème] *quel jour-de-la-semaine-être ?*)

   → .... 입니다.

CHAPITRE 4 : LES PARTICULES (SUITE)

5. 공원에서 산책합니다. 모레는 무슨 요일입니까 ? (litt. *parc* [-P. lieu] *se-promener. après-demain* [-P. thème] *quel jour-de-la-semaine-être ?*)

   → .... 입니다.

6. 영화관에서 한국 영화를 봅니다. 재미있습니다. 그저께는 무슨 요일입니까 ?
   (litt. *salle-de-cinéma* [-P. lieu] *corée cinéma* [-P. COD] *regarder. être-intéressant. avant-hier* [-P. thème] *quel jour-de-la-semain-être ?*)

   → .... 입니다.

Banque de mots

계절	gyédjol	saison
봄	bôm	printemps
여름	yoleum	été
가을	ga'eul	automne
겨울	gyo'oul	hiver
날씨	nalssi	temps (météo)
따뜻하다	ttatteushada	être doux (temps)
덥다	dobda	faire chaud
비	bi	pluie

비(가) 오다	bi(ga) ôda	pleuvoir
서늘하다	soneulhada	être frais (temps)
눈	noun	neige
눈(이) 오다	noun(i) ôda	neiger
춥다	tchoubda	avoir froid

4 **Traduisez la présentation des quatre saisons en Corée en vous aidant de la banque de mots.**

Ex. : 한국에 봄, 여름, 가을, 겨울이 있습니다.
   → *En Corée, il y a le printemps, l'été, l'automne et l'hiver.*
   봄에 날씨가 따뜻합니다. → *Au printemps, (il) fait doux.*

1. 여름에 덥습니다. → ....

2. 여름에 비가 옵니다. → ....

3. 가을에 서늘합니다. → ....

4. 겨울에 눈이 옵니다. → ....

5. 겨울에 춥습니다. → ....

6. 봄에 날씨가 좋아요 ? → ....

7. 여름에 날씨가 나빠요 ? → ....

CHAPITRE 4 : LES PARTICULES (SUITE)

Les particules spéciales 1

Les particules **과 /와 -gwa/-wa**, **이랑 /랑 -ilang/-lang** et **하고 -hagô** servent à exprimer « et » ou « avec ». Quand on les emploie entre deux noms, elles ont le sens de « et », ex. : **선생님과 학생 sonsèngnim-gwa hagsèng**, *le professeur et (ses) élèves*, alors que quand on les emploie juste après un mot, c'est pour dire « avec », ex. : **선생님과 sonsèngnim-gwa**, *avec (mon) professeur*. Les trois particules peuvent s'employer de la même manière mis à part **이랑 /랑**, qu'on emploie plus souvent à l'oral.

Le tableau suivant récapitule quelle particule utiliser en fonction de la dernière lettre du mot.

	après une consonne	après une voyelle
과 / 와	과	와
이랑 / 랑	이랑	랑
하고	하고	

Banque de mots

여행	yohèng	voyage
여행하다	yohènghada	voyager
스키	seuk^hi	ski
스키장	seuk^hidjang	station de ski
싫어하다	silhohada	ne pas aimer

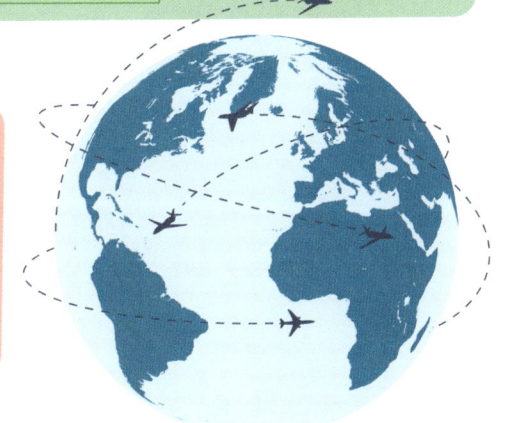

 5 Choisissez la bonne particule pour compléter la phrase. Chaque tiret correspond à une syllabe.

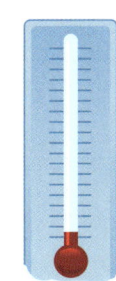

1. 봄에 친구__ 한국을 여행합니다,
   (Je) voyage en Corée au printemps avec (mes) amis.

2. 여름에 가족__ __ 바다에 갑니다,
   (Je) vais à la mer avec (ma) famille en été.

3. 봄__ 가을을 좋아합니다,
   (J')aime bien le printemps et l'automne.

4. 겨울에 여자 친구__ 스키장에 갑니다,
   En hiver, (je) vais à la station de ski avec (ma) petite amie.

5. 여름__ __ 겨울을 싫어합니다. 여름은 덥습니다. 겨울은 춥습니다.
   (Je) n'aime pas l'été ni l'hiver. L'été, (il) fait chaud. L'hiver, (il) fait froid.

CHAPITRE 4 : LES PARTICULES (SUITE)

Le caractère sino-coréen 어 accolé à un nom de pays forme la langue du pays,
ex. : 한국, Corée → 한국어, langue coréenne ; 프랑스, France → 프랑스어, langue française.

Banque de mots

방	bang	chambre
한국어	han'gougo	langue coréenne
산책하다	santchèghada	se promener
무엇	mou'os	que
책	tchèg	livre
휴대폰	hyoudèpʰôn	téléphone portable
지갑	djigab	portefeuille
열쇠	yolswé	clé
누구	nougou	qui
영화	younghwa	cinéma
왜	wè	pourquoi
비밀	bimil	secret

6 Choisissez une particule pour compléter la phrase lorsque c'est nécessaire.

은   는   이   가

을   를   와   과   에

이랑   랑   하고   에서

1. 아기__ 엄마__ 자요, *Le bébé dort avec (sa) maman.*

2. 아기__ __ 엄마는 방에 있어요, *Le bébé et (sa) maman sont dans la chambre.*

3. 선생님__ 한국어__ 공부합니다, *(J')étudie le coréen avec un professeur.*

4. 강아지__ 공원__ __ 산책합니다, *(Je) me promène au parc avec (mon) petit chien.*

5. 가방__ 무엇__ 있어요 ?, *Qu'est-ce qu'il y a dans (ton) sac ?*

6. 가방__ 책__ 휴대폰__ 지갑__ 열쇠가 있어요,
   Dans (mon) sac, il y a un livre, un téléphone portable, un portefeuille et des clés.

7. 누구__ 영화를 봐요 ? *Avec qui (tu) regardes le film ?*

8. 왜요 ? 비밀__이에요, *Pourquoi ? (C')est un secret.*

Pour être poli, on emploie 요 -yô, même à la fin d'un mot, ex. : 왜, pourquoi → 왜요, Pourquoi ? (poli) ; 커피, un café → 커피요 ! Un café, s'il vous plaît !

ou encore lorsqu'un professeur demande : « Qui veut répondre ? » → 저요 ! Moi ! (poli).

CHAPITRE 4 : LES PARTICULES (SUITE)

Les particules spéciales 2

- Les particules spéciales : 도 -dô, *aussi*, 만 -man, *ne... que, seulement*. Elles remplacent la particule de sujet, de thème ou d'objet, ex. : 저도 한국 사람이에요, **djo-dô han'goug salam-iéyô** (P. thème remplacée), *Moi aussi, (je) suis coréen* (litt. *je-aussi Corée personne-être*) ; 저만 한국 사람이에요, **djo-man han'goug salam-iéyô** (P. thème remplacée), *Seulement moi, (je) suis coréen* (litt. *je-seul Corée personne-être*).

- La particule 으로서 /로서 **-eulôso/-lôso**, *en tant que*. On emploie la première forme quand le mot auquel elle se rattache se termine par une consonne, et la deuxième quand il se termine par une voyelle, ex. : 한국 사람으로서 기쁩니다 **han'goug salam-eulôso gippeu-bnida**, *(Je) suis content (pour cela) en tant que coréen* ; 엄마로서 자랑스럽습니다 **omma-lôso djalangseulob-seubnida**, *(Je) suis fière en tant que maman*.

Banque de mots

고기	gôgi	viande
기쁘다	gippeuda	être content
자랑스럽다	djalangseulobda	être fier
디저트	didjot^{h}eu	dessert
아주	ajou	très
유명하다	youmyonghada	être renommé
야채	yatchè	légume

7 Traduisez en français.

1. 마카롱(macaron)은 프랑스 디저트로서 아주 유명합니다.

→ ....

2. 다니는 고기만 좋아합니다.

→ ....

3. 야채도 좋아합니까 ?

→ ....

4. 김치가 맵습니다. 비빔밥도 맵습니다. 김밥도 맵습니까 ?

→ ....

CHAPITRE 4 : LES PARTICULES (SUITE)

5. 아니요, 김치하고 비빔밥만 맵습니다.

→ ....

6. 한국 영화로서 유명합니다.

→ ....

7. 쥬니도 고기만 좋아합니다.

→ ....

8 Traduisez les phrases au style ultra formel en vous aidant des mots suivants.

월요일, *lundi*   도, *aussi*   가다, *aller*   친구, *ami*
만나다, *rencontrer, se voir*   만, *ne... que, seulement*   학교, *école*
에, *P. temps / P. lieu*   사탕, *bonbon*   좋아하다, *aimer*
야채, *légume*   화요일, *mardi*

1. (Je) ne vais qu'à l'école. → ....

2. (Je) n'(y) vais que lundi. → ....

3. (Tu y) vas le mardi aussi ? → ....

4. (Je) n'aime que les bonbons. → ....

5. (Tu) aimes aussi les légumes ? → ....

6. (Je) ne vois que (mes) amis. → ....

7. (Je) vois aussi (mes) amis. → ....

Banque de mots

언제	ondjé	quand
기차	gitcha	train
기차역	gitcha'yog	gare
남편	namp^hyon	époux
타다	t^hada	prendre (train, avion, etc.)

출장	tchouldjang	déplacement professionnel
혼자	hôndja	seul
호텔	hôt^hél	hôtel
아들	adeul	fils
도서관	dôsogwan	bibliothèque

CHAPITRE 4 : LES PARTICULES (SUITE)

Banque de mots

놀이터	nôlitʰo	square, aire de jeux
미끄럼틀	mikkeulomtʰeul	toboggan
타다	tʰada	faire (balançoire, toboggan, trampoline)
수영	souyong	natation
수영장	souyongdjang	piscine
수영(을) 하다	souyong(eul) hada	nager
공항	gônghang	aéroport
비행기	bihènggi	avion
산	san	montagne
등산	deungsan	randonnée

 9 Voici l'emploi du temps de la maman de Dani. Répondez aux questions en remplissant le tableau qui se trouve à la page suivante.

저는 다니와 쥬니 엄마입니다, *(Je) suis la maman (de) Dani et Juni.*
월요일에 남편과 기차역에 갑니다, *(Ce) lundi (je) vais à la gare avec (mon) mari.*
기차를 탑니다, *(Je) prend (mon) train.*
파리에 갑니다, *(Je) vais à Paris.*
화요일에 혼자 파리에 있습니다, *(Ce) mardi (je) suis seule à Paris.*
출장입니다, *(C'est pour) un déplacement professionnel.*
오늘은 호텔에서 잡니다, *Aujourd'hui, (je) dors dans un hôtel.*
수요일입니다, *(C')est mercredi.*
집에 옵니다, *(Je) rentre à la maison.*
아들 쥬니와 도서관에 갑니다, *(Je) vais à la bibliothèque avec (mon) fils Juni.*
책을 읽습니다, *(On) lit des livres.*
목요일입니다, *(C')est jeudi.*
딸 다니와 놀이터에 갑니다, *(Je) vais au square avec (ma) fille Dani.*
미끄럼틀을 탑니다, *(Elle) fait du toboggan.*
금요일입니다, *(C')est vendredi.*
친구와 수영을 합니다, *(Je) fais la natation avec (mes) copines.*
토요일은 가족과 공항에 갑니다, *Samedi, (je) vais à l'aéroport avec (ma) famille.*
비행기를 탑니다, *(On) prend l'avion.*
일요일에 산에 갑니다, *(Ce) dimanche (on) va à la montagne.*
가족과 등산을 합니다, *(Je) fais de la randonnée avec (ma) famille.*

CHAPITRE 4 : LES PARTICULES (SUITE)

1. 누구하고 기차역에 갑니까 ?, *Avec qui (elle) va à la gare ?*
2. 어디에서 잡니까 ?, *(Elle) dort où ?*
3. 무엇을 읽습니까 ?, *Qu'est-ce qu'(ils) lisent ?*
4. 어디에 갑니까 ?, *Où (elles) vont ?*
5. 무엇을 합니까 ?, *Que font-(elles) ?*
6. 언제 공항에 갑니까 ?, *Quand est-ce qu'(ils) vont à l'aéroport ?*
7. 누구와 어디에 갑니까 ?, *Où va (-t-elle et) avec qui ?*

언제 ?	월요일	화요일	수요일	목요일	금요일	6.	일요일
어디 ?	기차역	2.	도서관	4.	수영장	공항	7.
누구 ?	1.	혼자	아들	딸	친구	가족	8.
무엇 ?	기차	출장	3.	미끄럼틀	5.	비행기	등산

Et oui, comme vous avez vu dans l'exercice 9, on peut poser plusieurs questions en une seule phrase en enchaînant les mots interrogatifs !

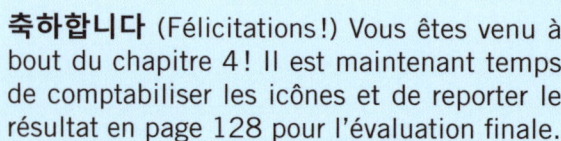

축하합니다 (Félicitations !) Vous êtes venu à bout du chapitre 4 ! Il est maintenant temps de comptabiliser les icônes et de reporter le résultat en page 128 pour l'évaluation finale.

Les verbes (suite), la négation, les formes irrégulières

Le verbe 하다, *faire*

Comme en français, le verbe **하다 hada**, *faire*, peut se combiner avec plusieurs mots pour former des expressions verbales, ex. : **공부 gôngbou**, *étude* + **하다**, *faire* ➔ **공부를 하다**, *faire des études*, ou **공부하다**, *étudier* ; **일 il**, *travail* + **하다**, *faire* ➔ **일을 하다**, *faire un travail*, **일하다**, *travailler*. On peut les écrire avec la particule de COD. Dans ce cas, il faut une espace entre le mot et le verbe, comme dans **공부(를) 하다**, *faire des études*, **일(을) 하다**, *faire un travail*. On peut les écrire également sans la particule de COD. Dans ce cas, il n'y a pas d'espace dans le verbe, comme dans **공부하다**, *étudier*, **일하다**, *travailler*.

Le verbe **하다** peut également former des verbes d'état, ex. : **정직 djongdjig**, *honnêteté* + **하다** ➔ **정직하다**, *être honnête*. Dans ce cas, on ne met pas la particule de COD.

1 **Formez un verbe à partir du mot proposé, comme dans l'exemple.**

Ex. : 사과, *excuse, pardon* ➔ **s'excuser**, 사과를 하다 / 사과하다

1. 빨래, *lessive* ➔ *faire la lessive* ....
2. 청소, *nettoyage* ➔ *faire le ménage, nettoyer* ....
3. 설거지, *(lavage de) vaisselle* ➔ *faire la vaisselle* ....
4. 쇼핑, *shopping* ➔ *faire du shopping* ....
5. 축구, *football* ➔ *faire du football* ....
6. 운동, *sport* ➔ *faire du sport* ....
7. 사랑, *amour* ➔ *aimer* ....

CHAPITRE 5 : LES VERBES (SUITE), LA NÉGATION, LES FORMES IRRÉGULIÈRES

  2 Formez un verbe à l'infinitif à partir du mot proposé.

1. 건강, *santé* → *être en bonne santé* ....
2. 피곤, *fatigue* → *être fatigué* ....
3. 진실, *vérité* → *être vrai* ....
4. 행복, *bonheur* → *être heureux* ....
5. 순수, *pureté, naïveté, innocence* → *être pur, naïf, innocent* ....

La marque de la négation

La négation s'exprime avec la marque de négation **안** *an*, *ne pas*, ex. : 먹다, *manger* → 안 먹다, *ne pas manger*. Attention, pour les verbes d'action composés de plusieurs parties, par exemple, les verbes d'action formés avec le verbe **하다**, *faire*, la marque de négation se place juste devant **하다** et non devant la partie verbale intégrale, ex. : 운동(을) 하다, *faire du sport* → 운동(을) 안 하다, *ne pas faire de sport*.

Certains verbes ne prennent pas la marque de la négation, ex. : **이다 ida**, *être* → **아니다 anida**, *ne pas être* ; les verbes se terminant par **있다 issda**, *il y a, avoir* → **없다 obsda**, *il n'y a pas, ne pas avoir* ; **맛있다 masissda**, *être bon* (plat) → **맛없다 masobsda**, *ne pas être bon* (plat) ; **알다 alda**, *connaître* → **모르다 môleuda**, *ignorer*.

 3 Complétez les formes négatives.

	infinitif		forme négative
	피곤하다	être fatigué	안 피곤하다
	재미있다	être drôle	재미없다
1.	맛있다	être bon (goût)	
2.	사랑하다	aimer	
3.	운동하다	faire du sport	
4.	좋다	être bien	

		infinitif	forme négative
5.	나쁘다	être mauvais	
6.	가다	aller	
7.	청소하다	nettoyer	
8.	건강하다	être en bonne santé	
9.	이다	être	
10.	있다	il y a, avoir	

CHAPITRE 5 : LES VERBES (SUITE), LA NÉGATION, LES FORMES IRRÉGULIÈRES

La négation avec le verbe auxiliaire 지 않다

La négation peut également s'exprimer à l'aide du verbe auxiliaire **지 않다** -dji anhda, *ne pas*. Cette forme s'emploie plutôt à l'écrit, ex. : 운동(을) 하다, *faire du sport* ➔ 운동(을) 하지 않다, *ne pas faire de sport*.

Qu'est-ce qu'un verbe auxiliaire ? Un verbe qui ne peut pas exister seul. Il est forcément accolé à un radical verbal.

4 Complétez les formes négatives à l'aide du verbe auxiliaire 지 않다.

		infinitif	forme négative
	피곤하다	être fatigué	피곤하지 않다
	재미있다	être drôle	재미있지 않다
1.	맛있다	être bon (goût)	
2.	사랑하다	aimer	
3.	운동하다	faire du sport	
4.	좋다	être bien	
5.	나쁘다	être mauvais	
6.	가다	aller	
7.	청소하다	nettoyer	
8.	건강하다	être en bonne santé	

5 Transformez les phrases négatives en affirmatives en gardant le même style de terminaison.

1. 그 사람을 사랑하지 않습니다, *(Je) n'aime pas cette personne-là.*
   ➔ ....

2. 저는 김치를 안 좋아합니다, *(Je) n'aime pas le kimchi.*
   ➔ ....

3. 일요일에 운동을 하지 않습니다, *(Je) ne fais pas de sport le dimanche.*
   ➔ ....

CHAPITRE 5 : LES VERBES (SUITE), LA NÉGATION, LES FORMES IRRÉGULIÈRES

4. 친구와 안 만나요, *(Je) ne vois pas (mes) amis.*

→ ....

5. 방을 청소하지 않습니다, *(Je) ne nettoie pas (ma) chambre.*

→ ....

6. 프랑스 사람은 김치를 안 먹어요, *Les Français ne mangent pas du kimchi.*

→ 한국 사람은 ....

La négation du verbe « pouvoir »

La négation de « pouvoir » peut s'exprimer avec la marque 못 **môs** ou avec le verbe auxiliaire 지 못하다 **-dji môshada**, *ne pas pouvoir*. Exemple : 술을 마시다 **soul-eul masida**, *boire de l'alcool* (litt. *alcool* [-P. COD] *boire*) → 술을 못 마시다 **soul-eul môs masida** ou 술을 마시지 못하다, **soul-eul masi-dji môshada**, *ne pas pouvoir boire de l'alcool*.

Banque de mots

술	soul	*alcool*
잠	djam	*sommeil*
춤	tchoum	*danse*
그림	geulim	*dessin, peinture*

6 Complétez le tableau de négation de « pouvoir ».

infinitif		avec la marque	avec le verbe auxiliaire
ex. 잠을 자다	*dormir*	잠을 못 자다	잠을 자지 못하다
1. 한국어를 하다	*parler coréen*		
2. 기다리다	*attendre*		
3. 믿다	*croire*		
4. 춤을 추다	*danser*		
5. 그림을 그리다	*faire un dessin*		

CHAPITRE 5 : LES VERBES (SUITE), LA NÉGATION, LES FORMES IRRÉGULIÈRES

Quand vous voyez les verbes, tels que : 잠, *sommeil* → 잠을 자다, (litt. *sommeil* [-P. COD] *dormir*) ; 춤, *danse* → 춤을 추다, (litt. *danse* [-P. COD] *danser*) ; 그림, *dessin* → 그림을 그리다, (litt. *dessin* [-P. COD] *dessiner*), la marque de la négation s'insère dans l'espace entre les deux termes.

Conjugaison irrégulière au style ultra formel

Vous savez déjà que le style ultra formel nécessite la terminaison **습니다 / -ㅂ니다** au radical selon sa dernière lettre. Il y a une exception : quand le radical se termine par ㄹ ㅣ, on supprime d'abord cette lettre et ensuite on accole ㅂ니다, ex. : **길다** gilda, *être long* → **기** gi (on supprime la dernière lettre ㄹ ㅣ) + **ㅂ니다** bnida → **깁니다** gibnida, *(C')est long*. Sa forme interrogative est **깁니까 ?** gibnikka ? *Est-(ce) long ?*

Vous verrez un peu plus loin que la même chose se produit lorsqu'on applique une terminaison ou un connecteur commençant par ㅅ s ou ㅡ eu à un radical se terminant par ㄹ ㅣ.

7 Écrivez les phrases suivantes en coréen au style ultra formel.

Banque de mots

머리	moli	cheveux
설탕	solt^hang	sucre
새	sè	oiseau
날다	nalda	voler
멀다	molda	être loin
놀이터	nôlit^ho	square, aire de jeux
놀다	nôlda	jouer

1. *Les cheveux sont longs,* 머리가 길다
→ ....

2. *Le sucre est sucré,* 설탕이 달다
→ ....

3. *Le bébé pleure,* 아기가 울다
→ ....

4. *L'oiseau vole ?* 새가 날다 ?
→ ....

5. *Dani joue au square ?* 다니가 놀이터에서 놀다 ?
→ ....

6. *La banque est loin ?* 은행이 멀다 ?
→ ....

CHAPITRE 5 : LES VERBES (SUITE), LA NÉGATION, LES FORMES IRRÉGULIÈRES

Conjugaison irrégulière au style poli/familier

Il existe plusieurs verbes irréguliers au style poli et familier. Nous ne présentons que le style poli car il suffit de supprimer **요 yô** de la forme polie pour obtenir le style familier. La liste ci-dessous n'est pas exhaustive mais elle présente les cas les plus importants.

Lorsque le radical des verbes irréguliers est suivi par la consonne muette **ㅇ**, comme c'est le cas pour les terminaisons au style poli (**어요 / 아요**) et familier (**어 / 아**), ou encore avec un connecteur (ex. : **어서 / 아서**), celui-ci prend une forme irrégulière.

infinitif	formation au style poli 어요 -oyô / 아요 -ayô	exemple
verbes en **하다** hada, *faire*	au style poli, ils deviennent **해요 hèyô**	공부하다 gôngbouhada, *étudier* → 공부해요 gôngbouhèyô 일하다 ilhada, *travailler* → 일해요 ilhèyô 사랑하다 salanghada, *aimer* → 사랑해요 salanghèyô
verbes en **ㄷ**	Le signe ㄷ du radical se transforme en ㄹ : 들 deul (듣다 deudda, *écouter*) + 어요 = 들어요 deuloyô	묻다 moudda, *interroger* → 물어요 mouloyô 걷다 godda, *marcher* → 걸어요 goloyô
verbes en **르**	Le signe 르 du radical se transforme en ㄹㄹ : 달ㄹ dall (다르다 daleuda, *être différent*) + 아요 = 달라요 dallayô	모르다 môleuda, *ignorer* → 몰라요 môllayô 누르다 nouleuda, *appuyer* → 눌러요, noulloyô
verbes en **ㅂ**	Le signe ㅂ du radical se transforme en 우 : 고마우 gôma'ou (고맙다 gômabda, *être reconnaissant*) + 어요 = 고마워요 gômawoyô	귀엽다 gwiyobda, *être mignon* → 귀여워요 gwiyowoyô 덥다 dobda, *avoir chaud* → 더워요 dowoyô 춥다 tchoubda, *avoir froid* → 추워요 tchouwoyô
verbes en **ㅡ**	Le signe ㅡ du radical tombe : ㅋ k^h (크다 k^heuda, *être grand*) + 어요 = 커요 k^hoyô	나쁘다 nappeuda, *être mauvais* → 나빠요 nappayô 기쁘다 gippeuda, *être content* → 기뻐요 gippoyô

CHAPITRE 5 : LES VERBES (SUITE), LA NÉGATION, LES FORMES IRRÉGULIÈRES

8 Complétez le tableau de conjugaison.

infinitif	style ultra formel (déclaratif)	style poli	style familier
먹다 mogda, *manger*	먹습니다	먹어요	먹어
1. 좋다 djôhda, *être bien*			
2. 좋아하다 djôhahada, *aimer*			
3. 울다 oulda, *pleurer*			
4. 청소하다 tchongsôhada, *nettoyer*			
5. 더럽다 dolobda, *être sale*			
6. 쓰다 sseuda, *écrire*			
7. 열다 yolda, *ouvrir*			
8. 자르다 djaleuda, *couper*			
9. 쉽다 swibda, *être facile*			
10. 어렵다 olyobda, *être difficile*			

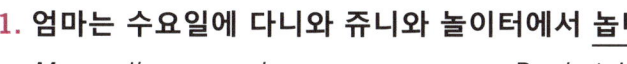

9 Transformez le verbe du style ultra formel au style poli. Nous vous aidons en soulignant le verbe.

1. 엄마는 수요일에 다니와 쥬니와 놀이터에서 놉니다,
   Mercredi, maman joue au square avec Dani et Juni. ➜ ....

2. 다니하고 쥬니는 귀엽습니다, *Dani et Juni sont mignons.* ➜ ....

3. 다니와 쥬니는 엄마하고 아빠를 사랑합니다,
   Dani et Juni aiment (leur) maman et (leur) papa. ➜ ....

4. 다니 머리가 깁니다, *Les cheveux (de) Dani sont longs.* ➜ ....

5. 김치가 맵습니다, *(Le) kimchi est pimenté.* ➜ ....

6. 쥬니 눈이 큽니다, *Les yeux (de) Juni sont grands.* ➜ ....

CHAPITRE 5 : LES VERBES (SUITE), LA NÉGATION, LES FORMES IRRÉGULIÈRES

L'élision

Quand on accole la terminaison, le connecteur, etc., au radical, les voyelles s'élident ainsi :

type	exemple
ㅏ a contracté	가 ga (가다 gada, *aller*) + 아요 -ayô → 가요 gayô
ㅣ i contracté	치 tchi (치다 tchida, *frapper*) + 어요 -oyô → 쳐요 tchyoyô
ㅜ ou contracté	고마우 gôma'ou (고맙다 gômabda, *être reconnaissant*) + 어요 -oyô → 고마워요 gômawoyô
ㅓ o contracté	서 so (서다 soda, *se tenir debout*) + 어요 -oyô → 서요 soyô
ㅗ ô contacté	오 ô (오다 ôda, *venir*) + 아요 -ayô → 와요 wayô

Banque de mots

귀	gwi	oreille
귀걸이	gwigoli	boucle d'oreille
목	môg	cou
목걸이	môggoli	collier
반지	bandji	bague
사진	sadjin	photo

요즘	yôdjeum	ces jours-ci
많이	manhi	beaucoup
외롭다	wélôbda	se sentir seul
시다	sida	être acide
보다	bôda	regarder, voir

10. Conjuguez au style poli.

1. 귀걸이, 목걸이, 반지를 사다
→ ....

2. 사진을 보다
→ ....

3. 요즘 많이 외롭다
→ ....

4. 김치가 시다
→ ....

축하합니다 (Félicitations !) Vous êtes venu à bout du chapitre 5 ! Il est maintenant temps de comptabiliser les icônes et de reporter le résultat en page 128 pour l'évaluation finale.

Le passé et le mode de la phrase

La marque du passé

En coréen, on indique le temps passé par la marque du passé 었 / 았 collée au radical. Il faut regarder la dernière voyelle du radical. S'il se termine par ㅏ a ou ㅗ ô, on accole 았 -ass-, ensuite on fait suivre la terminaison au choix selon le style voulu.
Par exemple : 좋 djôh (좋다 djôhda, *être bien*) + 았 -ass- + 어요 -oyô = 좋았어요 djôhassoyô, *(C')était bien.*

Si la dernière voyelle du radical est autre que ㅏ ou ㅗ, on accole 었 -oss- et on fait suivre par la terminaison du style.
Par exemple : 먹 mog (먹다 mogda, *manger*) + 었 -oss- + 습니다 -seubnida = 먹었습니다 mogossseubnida, *(J')ai mangé.*

En coréen, on ne distingue pas le passé composé et l'imparfait.

Récapitulons la formation au passé selon le style de langage :

style ultra formel	style poli	style familier
었습니다/았습니다	었어요/았어요	었어/았어

N'oubliez pas d'élider les voyelles qui se chevauchent.

1 Mettez les verbes suivants au passé.

infinitif	style ultra formel	style poli	style familier
1. 넣다 nohda, *mettre (dedans)*			
2. 오다 ôda, *venir*			
3. 늦다 neudjda, *être en retard*			
4. 맞다 madjda, *être correct*			
5. 마시다 masida, *boire*			
6. 싸우다 ssa'ouda, *se disputer*			
7. 끝나다 kkeutʰnada, *se terminer*			
8. 찾다 tchadjda, *trouver*			

CHAPITRE 6 : LE PASSÉ ET LE MODE DE LA PHRASE

2 Traduisez en coréen au style poli.

1. (J')ai mis une pomme dans (mon) sac. → ....
2. (Il) est venu avec qui? → ....
3. (J')ai bu de l'eau. → ....
4. (Je) me suis disputé avec (ma) maman. → ....
5. Quand (est-ce que cela) s'est terminé? → ....
6. (Tu) as trouvé (tes) clés? → ....

La marque du passé et ses conjugaisons irrégulières

On retrouve les mêmes verbes irréguliers que pour le style poli/familier car la marque commence par la consonne muette ㅇ.

infinitif	style ultra formel	style poli
irrégulier en 하다 hada, *faire* ex. : 주차하다 **djoutchahada**, *se garer*	주차했습니다 *s'être garé*	주차했어요
irrégulier en ㄷ **d** ex. : 걷다 **godda**, *marcher*	걸었습니다 *avoir marché*	걸었어요
irrégulier en 르 **leu** ex. : 모르다 **môleuda**, *ignorer, ne pas connaître*	몰랐습니다 *avoir ignoré*	몰랐어요
irrégulier en ㅂ **b** ex. : 고맙다 **gômabda**, *être reconnaissant*	고마웠습니다 *avoir été reconnaissant*	고마웠어요
irrégulier en ㅡ **eu** ex. : 나쁘다 **nappeuda**, *être mauvais*	나빴습니다 *avoir été mauvais*	나빴어요

CHAPITRE 6 : LE PASSÉ ET LE MODE DE LA PHRASE

 3 Mettez les verbes suivants au passé.

infinitif	style ultra formel	style poli	style familier
1. 사랑하다			
2. 듣다			
3. 누르다			
4. 덥다			
5. 기쁘다			

4 Transposez les phrases suivantes au passé. Les phrases au présent sont déjà conjuguées. Repérez d'abord le radical, ensuite mettez la marque du passé et faites suivre la même terminaison de style.

오늘, aujourd'hui	어제, hier
오늘 학교에서 공부합니다 Aujourd'hui (j')étudie à l'école.	1. 어제 ....
오늘 날씨가 나쁩니다 Aujourd'hui, il (le temps) est mauvais.	2. 어제 ....
오늘 날씨가 추워요 ? Aujourd'hui, il fait froid ?	3. 어제 ....
몰라요 (Je l')ignore.	4. ....
오늘 남자 친구와 많이 걷습니다 Aujourd'hui, (je) marche beaucoup avec mon petit ami.	5. 어제 ....
회사가 멉니까 ? (Votre) entreprise est loin ?	6. ....

CHAPITRE 6 : LE PASSÉ ET LE MODE DE LA PHRASE

Banque de mots

이번	ibon	ce, cette (fois)
지난주	djinandjou	la semaine dernière
이번 주	ibon djou	cette semaine
지난달	djinandal	le mois dernier
이번 달	ibon dal	ce mois-ci
지난해	djinanhè	l'année dernière
작년	djagnyon	l'année dernière (version sino-coréenne)
이번 해	ibon hè	cette année
올해	ôlhè	cette année
직장	djigdjang	emploi
찾다	tchadjda	chercher
졸업하다	djôlobhada	terminer les études
스페인	seup^héin	Espagne
결혼하다	gyolhônhada	se marier
화해하다	hwahèhada	se réconcilier

5 Complétez les phrases en coréen au style poli en vous aidant de la traduction.

1. *Mardi dernier, (j')ai vu un ami. Ce mardi, (je) vais à la bibliothèque.*

   지난주 화요일에 친구를 .... 이번 주 화요일에는 도서관에 ....

2. *(J')ai fini (mes) études le mois dernier. (Je) cherche un travail à partir de ce mois-ci.*

   지난달에 학교를 .... 이번 달부터 직장을 ....

3. *(Je) suis allé en Espagne l'an dernier. Cette année, (je) vais en Corée.*

   지난해 여름에는 스페인에 .... 이번 해에는 한국에 ....

4. *(J')ai rencontré (ma) copine l'année dernière. (On) se marie cette année.*

   작년에 여자 친구를 .... 올해 ....

CHAPITRE 6 : LE PASSÉ ET LE MODE DE LA PHRASE

6 Traduisez en coréen (au style poli).

1. *Hier, (je) me suis disputé avec (mon) petit ami.*
→ ....

2. *(Je) me réconcilie maintenant.* → ....

3. *Hier, (j')ai téléphoné à (ma) mère.* → ....

4. *Quand avez-vous terminé (vos) études ?* → ....

5. *Hier, il faisait froid.* → ....

6. *Je suis resté à la maison.* → ....

Le mode exhortatif

Ce mode permet d'exprimer la volonté de faire quelque chose ensemble avec un interlocuteur. On peut le comparer à la première personne du pluriel à l'impératif en français, ex. : *allons-y ensemble, achetons-le maintenant* ; ou encore en anglais : *let's go, let's buy it*, etc. On trouve très souvent ce mode en coréen. Voyons comment on le forme selon le style.

- Au style ultra formel, on utilise les terminaisons 읍시다 **-eubsida** / ㅂ시다 **-bsida** selon la dernière lettre du radical. Si le radical se termine par une consonne, on emploie 읍시다, ex. : 먹 (먹다) + 읍시다 → 먹읍시다, *mangeons* ; s'il se termine par une voyelle, on emploie ㅂ시다, ex. : 가 (가다) + ㅂ시다 → 갑시다, *allons*. Attention à la conjugaison irrégulière en ㄹ et en ㄷ voir p. 45-46.

- Au style poli, vous avez appris que les terminaisons 어요 **-oyô** / 아요 **-ayô** peuvent exprimer le mode déclaratif ou interrogatif. Sachez qu'elles expriment également le mode exhortatif. Pour savoir s'il s'agit de ce mode, on peut s'appuyer sur les autres mots de la phrase comme : 같이 **gat**ʰ**i** ou 함께 **hamkké**, *ensemble*. Par exemple :
읽 (읽다 **ilgda**, *lire*) + 어요 → 함께 읽어요 !,
Lisons-(le) ensemble !
사 (사다 **sada**, *acheter*) + 아요 → 같이 사요 !,
Achetons-(le) ensemble !

- Pour le style familier, il faut ajouter 자 **-dja** au radical sans différencier la dernière lettre du radical. Par exemple :
읽 (읽다) + 자 → 함께 읽자 !, *Lisons-(le) ensemble !*
사 (사다) + 자 → 같이 사자 !, *Achetons-(le) ensemble !*

53

CHAPITRE 6 : LE PASSÉ ET LE MODE DE LA PHRASE

7 Complétez le tableau en mettant les verbes au mode exhortatif.

infinitif	style ultra formel	style poli	style familier
1. 밀다 milda, *pousser*			
2. 열다 yolda, *ouvrir*			
3. 걷다 godda, *marcher*			
4. 청소하다 tchongsôhada, *nettoyer*			

8 Proposez à votre interlocuteur de faire quelque chose ensemble (en respectant le style proposé).

1. *Marions-nous !* (style ultra formel) → ....
2. *Appelons-nous demain !* (style poli) → ....
3. *Réconcilions-nous.* (style familier) → ....
4. *Vivons ensemble !* (style ultra formel) → ....
5. *Reposons-nous à la maison.* (style familier) → ....

Le mode impératif

- Au style ultra formel, on utilise les terminaisons 으십시오 **-eusibsiô** / 십시오 **-sibsiô** selon la dernière lettre du radical. Si le radical se termine par une consonne, on emploie 으십시오, ex. : 읽 (읽다 **ilgda**, *lire*) + 으십시오 → 읽으십시오 **ilgeusibsiô**, *Lisez !* ; s'il se termine par une voyelle, on emploie 십시오, ex. : 내리 (내리다 **nèlida**, *descendre*) + 십시오 → 내리십시오 **nèlisibsiô**, *Descendez !* Attention à la conjugaison irrégulière en ㄹ et en ㄷ.

- Au style poli, on utilise les terminaisons 어요 **-oyô** / 아요 **-ayô** selon la dernière voyelle du radical. Généralement, on emploie plutôt les terminaisons 으세요 **-euséyô** / 세요 **-séyô**, qui comprennent la marque honorifique 으시 **-eusi** / 시 **-si** afin d'être courtois. Nous aborderons ce point au chapitre 10. On emploie 으세요 si le radical se termine par une consonne et 세요 s'il se termine par une voyelle, ex. : 읽 (읽다 **ilgda**, *lire*) + 으세요 → 읽으세요 **ilgeuséyô**, *Lisez* ; 내리 (내리다 **nèlida**, *descendre*) + 세요 → 내리세요 **nèliséyô**, *Descendez*. Attention à la conjugaison irrégulière en ㄹ et en ㄷ.

- Au style familier, on accole 어 **-o** / 아 **-a** selon la dernière voyelle du radical, ex. : 먹 (먹다 **mogda**, *manger*) + 어 → 먹어, *Mange !* ; 가 (가다 **gada**, *[s'en] aller*) + 아 → 가, *Vas t'en !* (아 contracté).

CHAPITRE 6 : LE PASSÉ ET LE MODE DE LA PHRASE

9 Complétez le tableau en mettant les verbes au mode impératif.

	infinitif	style ultra formel	style poli	style familier
1.	밀다 **milda**, *pousser*			
2.	열다 **yolda**, *ouvrir*			
3.	걷다 **godda**, *marcher*			
4.	청소하다 **tchongsôhada**, *nettoyer*			
5.	앉다 **andjda**, *s'assoir*			
6.	누르다 **nouleuda**, *appuyer*			
7.	고르다 **gôleuda**, *choisir*			

Banque de mots

아침	atchim	*matin*	점심	djomsim	*midi*
일찍	iltsig	*tôt*	미리	mili	*à l'avance*
우산	ousan	*parapluie*	예약	yéyag	*réservation*
준비	djounbi	*préparation*	예약하다	yéyag	*réserver*
준비하다	djounbihada	*préparer*	빨리	ppalli	*vite*

10 Traduisez les phrases suivantes.

1. 방이 더러워. 방을 청소해 ! ➜ ....

2. 운동을 합시다. 아침 일찍 오세요. ➜ ....

3. 내일은 비가 옵니다. 우산을 준비하세요.

➜ ....

4. 점심에 사람이 많습니다. 미리 예약하십시오.

➜ ....

5. 아기가 웁니다. 빨리 하세요 ➜ ....

CHAPITRE 6 : LE PASSÉ ET LE MODE DE LA PHRASE

Exprimer la négation aux modes exhortatif et impératif

Vous avez appris précédemment que pour exprimer la négation, il fallait employer la marque de négation 안 ou le verbe auxiliaire 지 않다. Aux modes exhortatif et impératif, on emploie le verbe auxiliaire 지 말다 **-dji malda** suivi d'une terminaison de style. Par exemple : *N'y allons pas*, 가지 맙시다 (style ultra formel), 가지 마요 (style poli), 가지 말자 (style familier) ; *Ne mange(z) pas*, 먹지 마십시오 (style ultra formel), 먹지 마세요 (style poli), 먹지 마 (style familier).

Récapitulons les terminaisons selon le style et le mode :

	style ultra formel	style poli	style familier
Mode exhortatif	지 맙시다	지 마요	지 말자
Mode impératif	지 마십시오	지 마세요	지 마

Banque de mots

쓰레기	sseulégi	*déchet*
버리다	bolida	*jeter*
아무데나	amoudéna	*n'importe où*

많이	manhi	*beaucoup*
창문	tchangmoun	*fenêtre*

Donnez une instruction (au mode impératif) « ne pas... » en fonction du style demandé.

1. 쓰레기를 버립니다, *(on) jette des poubelles* (style poli)
   → ....

2. 아무데나 주차합니다, *(on) se gare n'importe où* (style ultra formel)
   → ....

3. 사탕을 많이 먹습니다, *(on) mange beaucoup de bonbons* (style familier)
   → ....

4. 춥습니다. 창문을 엽니다, *(il) fait froid. (quelqu'un) ouvre une fenêtre* (style poli)
   → ....

축하합니다 (Félicitations !) Vous êtes venu à bout du chapitre 6 ! Il est maintenant temps de comptabiliser les icônes et de reporter le résultat en page 128 pour l'évaluation finale.

7
Le futur et les verbes auxiliaires

La marque du futur

En coréen, il n'y a pas de distinction entre le futur simple, le futur proche, le futur antérieur, etc., mais on peut apporter des nuances. Lorsqu'on souhaite parler au futur avec une notion d'incertitude, on emploie la marque de futur 겠 -géss- qui s'accole au radical du verbe, ensuite on fait suivre une terminaison du style souhaité. Par exemple : 먹 (먹다, *manger*) + 겠 + 습니다 = 먹겠습니다 (ultra formel) ; 먹 (먹다) + 겠 + 어요 = 먹겠어요 (poli) ; 먹 (먹다) + 겠 + 어 = 먹겠어 (familier), *(Je) vais manger / (Je) mangerai (peut-être)*.

Récapitulons :

style ultra formel	style poli	style familier
겠습니다	겠어요	겠어

I Transposez les phrases au futur en conservant le style de langage.

1. 어제 친구를 만났어요, *Hier, (j')ai vu les amis.* → 내일 친구를 ....
2. 어제 영화를 봤습니다, *Hier, (j')ai regardé un film.* → 내일 영화를 ....
3. 어제 집에서 공부했어, *Hier, (j')ai étudié à la maison.* → 내일 집에서 ....
4. 어제 공항에 갔습니다, *Hier, (je) suis allé à l'aéroport.* → 내일 공항에 ....

Le futur avec le verbe auxiliaire 을 거다

Lorsqu'on souhaite parler au futur en soulignant l'intention (*avoir l'intention de…*), on emploie le verbe auxiliaire 을 거다 -eul goda. Voici sa formation avec les différentes terminaisons de style : 을/ㄹ 겁니다 -eul / l gobnida (ultra formel), 을/ㄹ 거예요 -eul / l goyéyô (poli), 을/ㄹ 거야 -eul / l goya (familier).

Récapitulons :

	style ultra formel	style poli	style familier
après une consonne ex. : 먹다, *manger*	을 겁니다 ex. : 먹을 겁니다	을 거예요 ex. : 먹을 거예요	을 거야 ex. : 먹을 거야
après une voyelle ex. : 가다, *aller*	ㄹ 겁니다 ex. : 갈 겁니다	ㄹ 거예요 ex. : 갈 거예요	ㄹ 거야 ex. : 갈 거야

CHAPITRE 7 : LE FUTUR ET LES VERBES AUXILIAIRES

Banque de mots

미끄럼틀	mikkeulomtʰeul	toboggan
운전	oundjon	conduite
병원	byong'won	hôpital
콘서트	kʰônsotʰeu	concert
대청소	dètchongsô	grand ménage
뭐	mwo	quoi

2 Transposez les phrases suivantes au futur à l'aide du verbe auxiliaire 을/ㄹ 거다 en conservant le style de langage.

1. 월요일에 역에 갑니다. 기차를 탑니다.

   → ....

2. 화요일에 딸과 도서관에 가요. 책을 읽어요.

   → ....

3. 수요일에 아들과 놀이터에 가요. 미끄럼틀을 타요.

   → ....

4. 목요일에 엄마랑 공항에 가. 공항에서 비행기를 타.

   → ....

3 Répondez aux questions au style familier en regardant le planning.

월요일	화요일	수요일	목요일	금요일	토요일	일요일
운동	일	오늘 운전	그림	병원	콘서트	대청소

1. 오늘 뭐 했어 ? → ....

2. 내일 뭐 할 거야 ? → ....

3. 금요일에 어디에 갈 거야 ? → ....

4. 언제 콘서트를 볼 거야 ? → ....

5. 언제 운동했어 ? → ....

6. 화요일에 뭐 했어 ? → ....

CHAPITRE 7 : LE FUTUR ET LES VERBES AUXILIAIRES

Le futur avec 을/ㄹ게(요)

On emploie cette forme pour évoquer le futur avec une promesse (*promettre de*). Elle ne s'emploie qu'à la première personne du singulier et du pluriel *je* ou *nous*. On peut l'employer au style poli 을/ㄹ게요 **-eul/lgéyô** et au style familier 을/ㄹ게 **-eul/lgé**.

Récapitulons :

	style poli	style familier
après une consonne ex. : 읽다, *lire*	을게요 ex. : 읽을게요	을게 ex. : 읽을게
après une voyelle ex. : 사다, *acheter*	ㄹ게요 ex. : 살게요	ㄹ게 ex. : 살게

Banque de mots

약속하다	yagsôghada	*promettre, s'engager*
너	no	*tu, te, toi* (familier)
전화하다	djonhwahada	*téléphoner*
지하철	djihatchol	*métro*
화장실	hwadjangsil	*toilettes*

4 Mettez les verbes suivants au futur en employant 을/ㄹ게(요)

infinitif	style poli	style familier
1. 사랑하다		
2. 약속하다		
3. 가다		
4. 전화하다		

5 Traduisez en coréen en vous aidant du tableau de l'exercice 4.

1. *(Je) vais (te) promettre.* (familier) → ....

2. *(Je) n'aimerai que toi / seulement toi.* (familier) → ....

3. *(Je) vais (y) aller demain matin.* (poli) → ....

4. *(Je) vais (t')appeler demain.* (poli) → ....

CHAPITRE 7 : LE FUTUR ET LES VERBES AUXILIAIRES

Le futur avec 을/ㄹ래(요)

On emploie cette forme pour évoquer le futur avec une notion d'envie (*vouloir*…). Elle ne s'emploie qu'avec la première et la deuxième personne (du singulier et du pluriel). On peut l'employer au style poli 을/ㄹ래요 *-eul / llèyô* et au style familier 을/ㄹ래 *-eul / llè*.

Récapitulons :

	style poli	style familier
après une consonne ex. : 읽다, *lire*	을래요 ex. : 읽을래요	을래 ex. : 읽을래
après une voyelle ex. : 사다, *acheter*	ㄹ래 ex. : 살래요	ㄹ래 ex. : 살래

 Traduisez les phrases suivantes en français.

1. 오늘 뭐 먹을래 ? → ....
2. 내일 만날래요 ? → ....
3. 커피 마실래요 ? → ....
4. 버스 탈래 ? 지하철 탈래 ? → ....
5. 화장실 갈래 ? → ....

Le verbe auxiliaire 고 싶다, *vouloir*

Le verbe auxiliaire 고 싶다 *-gô sip*ʰ*da*, *vouloir*, accolé au radical sert à exprimer la volonté de faire quelque chose. N'oubliez pas de faire suivre une terminaison de style. Par exemple : 가 (가다, *aller*) + 고 싶 (고 싶다, *vouloir*) + 어요 = 가고 싶어요, *(Je) veux (y) aller*.

Banque de mots

아이스크림	a'iseukʰeulim	*glace, crème glacée*
버스	boseu	*bus*

CHAPITRE 7 : LE FUTUR ET LES VERBES AUXILIAIRES

 Traduisez les phrases suivantes en employant l'auxiliaire *vouloir*.

1. *(Je) veux aller en Corée.* (poli) → ....
2. *(Tu) veux manger une glace ?* (familier) → ....
3. *(Je) veux dormir.* (familier) → ....
4. *Qu'est-ce que (tu) veux faire ?* (poli) → ....
5. *Où est-ce que (vous) voulez aller ?* (ultra formel)

   → ....
6. *Qui veux-(tu) voir ?* (familier)

   → ....
7. *Quand est-ce que (tu) veux (y) aller ?* (poli)

   → ....

Le verbe auxiliaire 을/ㄹ 수 있다/없다, *pouvoir*

Le verbe auxiliaire 을/ㄹ 수 있다 **-eul / l sou issda**, *pouvoir*, accolé au radical sert à exprimer la possibilité de faire quelque chose, ex. : 가 (가다, *aller*) + ㄹ 수 있 (ㄹ 수 있다, *pouvoir*) + 습니다 = 갈 수 있습니다, *(Je) peux (y) aller.*

On emploie 을 수 있다 ou ㄹ 수 있다 en fonction de la dernière lettre du radical, consonne ou voyelle.

Sa forme négative est 을/ㄹ 수 없다 **-eul / l sou obsda**, *ne pas pouvoir*, ex. : 가 (가다, *aller*) + ㄹ 수 없 (ㄹ 수 없다, *ne pas pouvoir*) + 습니다 = 갈 수 없습니다, *(Je) ne peux pas (y) aller.*

Récapitulons :	après une consonne	après une voyelle
을/ㄹ 수 있다, *pouvoir*	먹다, *manger* → 먹을 수 있다, *pouvoir manger*	하다, *faire* → 할 수 있다, *pouvoir faire*
을/ㄹ 수 없다, *ne pas pouvoir*	먹다, *manger* → 먹을 수 없다, *ne pas pouvoir manger*	하다, *faire* → 할 수 없다, *ne pas pouvoir faire*

CHAPITRE 7 : LE FUTUR ET LES VERBES AUXILIAIRES

8 Reliez les phrases à leur traduction.

1. 한국어를 할 수 있어요 ? •
2. 수영할 수 있어 ? •
3. 운전할 수 있어요 ? •
4. 김치를 먹을 수 있어요 ? •

• a. *Pouvez-(vous) manger du kimchi ?*
• b. *(Vous) pouvez conduire ?*
• c. *(Tu) peux parler coréen ?*
• d. *(Tu) peux nager ?*

Banque de mots

이	i	*dent*
이를 닦다	ileul dakkda	*se brosser les dents*
세수하다	sésouhada	*se laver le visage*
손	sôn	*main*
씻다	ssisda	*se laver*
머리를 감다	molileul gamda	*faire le shampooing (se shampouiner)*
입다	ibda	*s'habiller*
벗다	bosda	*enlever*
양말	yangmal	*chaussette*
신발	sinbal	*chaussure*
신다	sinda	*mettre (chaussette, chaussure)*

9 Juni a deux ans. Décrivez ce qu'il peut faire tout seul ou non comme dans l'exemple.

ex. : 이를 닦다   oui   3. 머리를 감다   non   6. 양말을 신다   oui
1. 세수하다   non   4. 옷을 입다   oui   7. 신발을 신다   non
2. 손을 씻다   oui   5. 옷을 벗다   oui

Ex. : 쥬니는 혼자 이를 닦을 수 있습니다.

1. .... 5. ....
2. .... 6. ....
3. .... 7. ....
4. ....

CHAPITRE 7 : LE FUTUR ET LES VERBES AUXILIAIRES

Le verbe auxiliaire 고 있다 exprimant le présent progressif

Le verbe auxiliaire 고 있다 -gô issda, *être en train de*, accolé au radical exprime le présent progressif, ex. : 전화하 (전화하다, *téléphoner*) + 고 있 (고 있다, *être en train de*) + 어 = 전화하고 있어, *(Je) suis en train de téléphoner*.

Banque de mots

화장하다	hwadjanghada	*se maquiller*
숙제	sougdjé	*les devoirs*
정리하다	djonglihada	*faire du rangement*
시장	sidjang	*le marché*

10 **Décrivez au style ultra formel ce que les personnes sont en train de faire, comme dans l'exemple.**

Ex. : 다니가 무엇을 하고 있습니까 ?, *Qu'est-ce que Dani est en train de faire ?* (*dormir*) ➔ 다니가 자고 있습니다.

1. (*se maquiller*) ➔ ....

2. (*faire ses devoirs*) ➔ ....

3. (*ranger*) ➔ ....

4. (*regarder la télévision*) ➔ ....

5. (*lire un livre*) ➔ ....

Les verbes auxiliaires 으러/러 가다/오다 exprimant la raison pour aller quelque part

- Le verbe auxiliaire 으러/러 가다 -eulo/lo gada, *aller… pour* accolé au radical exprime la raison de se rendre quelque part, ex. : 약을 사 (약, *médicament*, 약을 사다, *acheter des médicaments*) + 러 가 (러 가다, *aller… pour*) + 아요 = 약을 사러 가요, *(J'y) vais pour acheter des médicaments*.

- Le verbe auxiliaire 으러/러 오다 -eulo/lo ôda, *venir… pour* accolé au radical représente la raison d'être venu quelque part, ex. : 공부하 (공부하다, *étudier*) + 러 오 (러 오다, *venir… pour*) + 았, marque du passé + 어요 = 공부하러 왔어요, *(Je) suis venu pour étudier*.

CHAPITRE 7 : LE FUTUR ET LES VERBES AUXILIAIRES

11 Répondez en coréen aux questions qui sont posées au style poli, comme dans l'exemple.

Ex. : 공항에 왜 가요 ? *Pourquoi allez-(vous) à l'aéroport ?*
→ *pour prendre l'avion* 비행기를 타러 가요, *(j'y) vais pour prendre l'avion.*

1. 도서관에 왜 가요 ? → *pour lire des livres* ....
2. 한국에 왜 왔어요 ? → *pour étudier le coréen* ....
3. 왜 시장에 가요 ? → *pour acheter des légumes* ....
4. 회사에 왜 가요 ? → *pour travailler* ....
5. 왜 학교에 가요 ? → *pour étudier* ....

Récapitulatif : la formation d'une phrase

La partie verbale se forme dans l'ordre suivant : radical + verbe auxiliaire + marque + terminaison de style. Chacun son travail : le radical sert à exprimer l'idée de base, le verbe auxiliaire précise le sens, la marque donne une information (temps, honorifique) et la terminaison précise le style.
Par exemple : 사 (사다, *acheter*) + 고 싶 (고 싶다, *vouloir*) + 었, marque du passé + 어요 = 사고 싶었어요, *(J')ai voulu (l')acheter.*
자 (자다, *dormir*) + 고 있 (고 있다, *être en train de*) + 었, marque du passé + 습니다 = 자고 있었습니다, *(Il) était en train de dormir.*

12 Traduisez les phrases suivantes.

1. 다니는 한국에 가고 싶었어요. → ....
2. 다니는 할머니와 할아버지를 만나러 한국에 갔어요.
→ ....
3. 쥬니는 한국에서 친구들을 만날 수 있었어요. → ....
4. 우리는 내년 여름에도 한국에 갈 거예요. → ....
5. 기차를 탈 수 없었어요. → ....
6. 엄마도 한국에 가고 싶었어요. → ....

축하합니다 (Félicitations !) Vous êtes venu à bout du chapitre 7 ! Il est maintenant temps de comptabiliser les icônes et de reporter le résultat en page 128 pour l'évaluation finale.

Les connecteurs ou conjonctions de coordination

Définition des connecteurs en coréen

Les connecteurs sont des conjonctions de coordination qu'on emploie après le radical verbal pour relier des phrases, ex. : **고 -gô**, *et*, **지만 -djiman**, *mais*, etc. Vous allez apprendre, dans ce chapitre, les connecteurs les plus utiles et comment les employer.

Le connecteur 고 -gô, *et*

On accole le connecteur **고 -gô**, *et*, au radical du verbe, sans se soucier de savoir si la dernière lettre est une voyelle ou une consonne, et on poursuit avec la deuxième partie de la phrase.
Exemple : 저는 개를 좋아합니다, *J'aime le chien.* **+** 동생은 고양이를 좋아합니다, *(Mon) petit frère / (Ma) petite sœur aime le chat* **=** 저는 개를 좋아하고 동생은 고양이를 좋아합니다, *J'aime le chien et (mon) petit frère / (ma) petite sœur aime le chat*. Le verbe 좋아합니다, *aimer* conjugué au style ultra formel retrouve son radical 좋아하, auquel on accole le connecteur 고, *et*. Ce qui donne 좋아하 (좋아하다, *aimer*) **+** 고, *et* **=** 좋아하고, *aimer et…*

Pour dire « et » on peut également employer **그리고 geuligô**, *et*, qui sert à relier deux idées sans les fusionner en une phrase. Ce dernier s'emploie au début de la deuxième phrase, ex. : 저는 개를 좋아합니다. 그리고 동생은 고양이를 좋아합니다, *J'aime le chien. Et (mon) petit frère / (ma) petite sœur aime le chat.*

Banque de mots

어린이집	olinidjib	crèche
유치원	youtchiwon	école maternelle
초등학교	tchôdeunghaggyô	école élémentaire
중학교	djounghaggyô	collège
…에 다니다	é danida	fréquenter (lieu)
고등학생	gôdeunghagsèng	lycéen
대학생	dèhagsèng	étudiant à l'université

CHAPITRE 8 : LES CONNECTEURS OU CONJONCTIONS DE COORDINATION

 Complétez les phrases en vous aidant de la traduction.

1. 동생은 어린이집에 .... 저는 유치원에 .... 아빠는 회사에 갑니다.

   (Mon) petit frère / (Ma) petite sœur va à la crèche, je vais à l'école maternelle et (mon) papa va au travail (entreprise).

2. 다니는 초등학교에 다닙니다. .... 빅토르는 중학교에 다닙니다.

   Dani est écolière. Et Victor est collégien. (litt. école-maternelle [-P. lieu] fréquenter…)

3. 루까는 고등학생 .... 아델리는 대학생입니다.

   Lucas est lycéen et Adélie est étudiante à l'université.

4. 다니는 사탕을 .... 쥬니는 아이스크림을 먹습니다.

   Dani mange un bonbon et Juni mange une glace.

5. 다니 .... 쥬니는 학생입니까 ?

   Dani et Juni sont étudiants ?

 Voici le cycle d'éducation en Corée : 어린이집, *la crèche pour les enfants de moins de 3 ans.* 유치원, *l'école maternelle.* 초등학교, *l'école élémentaire (cycle de 6 ans).* 중학교, *le collège (cycle de 3 ans).* 고등학교, *le lycée (cycle de 3 ans).* 대학(교), *l'université, école supérieure (cycle de 2, 3 ou 4 ans).* On nomme les étudiants des différents cycles ainsi : 초등학생, *écolier,* 중학생, *collégien,* 고등학생, *lycéen* et 대학생, *étudiant à l'université.*

Le connecteur 지만 -djiman, *mais*

On accole le connecteur **지만 -djiman**, *mais* au radical du verbe, sans se soucier de savoir si la dernière lettre est une voyelle ou une consonne et on poursuit avec la deuxième partie de la phrase.
Exemple : 저는 주스를 마십니다, *Je bois du jus de fruits.* + 동생은 우유를 마십니다, *(Mon) petit frère / (Ma) petite sœur boit du lait.* = 저는 주스를 마시지만 동생은 우유를 마십니다, *Je bois du jus de fruits, mais (mon) petit frère / (ma) petite sœur boit du lait.* 마시 (마시다, *boire*) + 지만, *mais* = 마시지만, *boire, mais…*

Pour dire « mais » on peut également employer **하지만 hadjiman**, *mais*, qui sert à relier deux idées sans les fusionner en une phrase. Ce dernier s'emploie au début de la deuxième phrase, ex. : 저는 주스를 마십니다. 하지만 동생은 우유를 마십니다, *Je bois du jus de fruits. Mais (mon) petit frère / (ma) petite sœur boit du lait.*

CHAPITRE 8 : LES CONNECTEURS OU CONJONCTIONS DE COORDINATION

 Complétez les phrases en vous aidant de la traduction.

1. 저는 한국 사람 .... 제 남편은 프랑스 사람입니다.

Je suis coréenne, mais mon mari est français.

2. 저는 김치를 .... 남편은 김치를 좋아하지 않습니다.

J'aime le kimchi, mais (mon) mari n'aime pas ça.

3. 피곤합니다. .... 운동을 합니다.

(Je) suis fatigué. Mais (je) fais du sport.

4. 날씨가 .... 집에 있습니다.

(Il) fait beau, mais (je) reste à la maison.

5. 친구를 만나고 .... 집에서 공부를 합니다.

(Je) veux voir mes amis, mais (j')étudie à la maison.

Le connecteur 어서 -oso / 아서 -aso, *parce que, comme, car*

Le connecteur 어서 -oso / 아서 -aso sert à exprimer la cause : *parce que, comme, car*. Quand le radical du verbe se termine par la consonne ㅏ ou ㅗ, on utilise 아서 ; sinon on utilise 어서. Attention, au moment d'accoler le connecteur au radical, certains verbes prennent leurs formes irrégulières (voir p. 46). Exemple : 피곤해요, *(je) suis fatigué* + 자요, *(je) dors* = 피곤해서 자요, *Parce que (je) suis fatigué, je dors.* 피곤하 (피곤하다, *être fatigué*) + 어서, *parce que* = 피곤해서, *Parce qu'(on) est fatigué.*
비가 와요, *(il) pleut* + 우산을 샀어요, *(j')ai acheté un parapluie* = 비가 와서 우산을 샀어요, *Parce qu'(il) pleut, (j')ai acheté un parapluie.* 비가 오 (비가 오다, *pleuvoir*) + 아서, *parce que* = 비가 와서, *parce qu'(il) pleut.*

On peut également employer le connecteur 그래서 **geulèso**, *c'est pour cette raison que*, qui sert à relier deux idées sans les fusionner en une phrase. Ce dernier s'emploie au début de la deuxième phrase, ex. : 피곤해요. 그래서 자요, *(Je) suis fatigué. C'est pour cette raison que (je) dors* ; 비가 와요. 그래서 우산을 샀어요, *(Il) pleut. C'est pour cette raison que (j')ai acheté un parapluie.*

CHAPITRE 8 : LES CONNECTEURS OU CONJONCTIONS DE COORDINATION

Banque de mots

배	bè	ventre
아프다	apʰeuda	avoir mal, être malade
배(가) 고프다	bè(ga) gôpʰeuda	avoir faim
밥	bab	repas
밥을 먹다	babeul mogda	prendre le repas
배(가) 부르다	bè(ga) bouleuda	avoir le ventre plein
창문	tchangmoun	fenêtre
늦잠	neudjdjam	grasse matinée
제	djé	mon, ma, mes

❸ Complétez les phrases en vous aidant de la traduction.

1. 배가 .... 병원에 가요.

Parce que (j')ai mal au ventre, (je) vais chez le médecin (litt. hôpital [-P.lieu] aller).

2. 배가 고파요. .... 지금 밥을 먹어요.

(J')ai faim. C'est pour cette raison que maintenant (je) prends le repas.

3. 배가 .... 먹을 수 없어요.

Parce que (j')ai le ventre plein, (je) ne peux pas manger.

4. .... 창문을 열었어요.

Comme (il) faut chaud, (j')ai ouvert la fenêtre.

5. 추워요. .... 창문을 닫았어요.

(Il) fait froid. C'est pour cette raison que (j')ai fermé la fenêtre.

6. 늦잠을 잤어요. .... 학교에 늦었어요.

(J')ai fait une grasse matinée. C'est pour cette raison que (je) suis en retard à l'école.

CHAPITRE 8 : LES CONNECTEURS OU CONJONCTIONS DE COORDINATION

Le connecteur 으니까 -eunikka / 니까 -nikka, *parce que, comme, car*

Pour exprimer la cause, on peut également employer le connecteur **으니까 -eunikka / 니까 -nikka**, *parce que, comme, car*. Aux modes impératif et exhortatif, on emploiera obligatoire ce connecteur. Quand le radical se termine par une consonne, utilisez **으니까**, et quand il se termine par une voyelle, utilisez **니까**. Attention à la conjugaison en **ㄹ l** et **ㄷ d**, ex. : **머리가 길어요**, *les cheveux sont longs* + **자르세요**, *coupez* → **머리가 기니까 자르세요**, *Parce que les cheveux sont longs, coupez-(les)*. **기** (**길다**, *être long*, la consonne **ㄹ** du radical tombe) + **니까**, *parce que* = **기니까**, *Parce que c'est long*. **추워요**, *(Il) fait froid* + **내일 만나요**, *voyons-nous demain* → **추우니까 내일 만나요**, *Comme (il) fait froid, rencontrons-nous demain*. **추우** (**춥다**, *faire froid*, la consonne **ㅂ** du radical se transforme en **우**) + **니까**, *parce que* = **추우니까**, *Parce qu'(il) fait froid*.

On peut également employer le connecteur **그러니까 geulonikka**, *alors*, qui sert à relier deux idées sans les fusionner en une phrase. Ce dernier s'emploie au début de la deuxième phrase, ex. : **머리가 길어요. 그러니까 자르세요**, *Les cheveux sont longs. Alors coupez-(les)* ; **추워요. 그러니까 내일 만나요**, *(Il) fait froid. Alors, rencontrons-nous demain*.

Attention, dans des phrases aux modes exhortatif et impératif, on n'emploie pas les connecteurs 어서 / 아서 ni 그래서. Il faut obligatoirement utiliser les connecteurs 으니까 / 니까 et 그러니까.

4 Formez des phrases correctes en reliant les bons éléments ensemble.

1. 추워요 •
2. 더우니까 •
3. 추워서 •
4. 더워요 •
5. 사랑하니까 •

• a. 창문을 닫았어요.
• b. 창문을 열자.
• c. 그러니까 창문을 열지 마세요.
• d. 그래서 창문을 열고 싶어요.
• e. 결혼할 거예요.

CHAPITRE 8 : LES CONNECTEURS OU CONJONCTIONS DE COORDINATION

Banque de mots

나가다	nagada	*sortir*
장갑	djanggab	*gant*
끼다	kkida	*mettre* (lunettes, gants, bague…)
뜨겁다	tteugobda	*être très chaud*
만지다	mandjida	*toucher*
젖다	djodjda	*être mouillé*
깨우다	kkèouda	*réveiller*

5 Complétez les phrases et leur traduction.

1. 비가 ……… 나가지 마세요. → Ne …………… car (il) pleut.

2. 추워요. ……… 장갑을 끼세요. → (Il) fait froid. Alors …………… .

3. ……… 만지지 마세요. → Comme (c')est très chaud, ne …………… .

4. 옷이 젖었어요. ……… 입지 마세요. → Le vêtement est mouillé. Alors ne …………… .

5. 아기가 ……… 깨우지 마세요. → Comme le bébé dort, ne …………… .

Le connecteur 으면 -eumyon / 면 -myon, *si*

Le connecteur **으면 -eumyon / 면 -myon** sert à exprimer la condition : *si*. Quand le radical se termine par une consonne, utilisez 으면 ; s'il se termine par une voyelle, utilisez 면. Exemple : 싸요, *(c')est peu cher* + 살게요, *(je) vais l'acheter* → 싸면 살게요, *(Je) vais (l')acheter si (c')est peu cher*. 싸 (싸다, *être peu cher*) + 면, *si* = 싸면, *Si (c')est peu cher*.

On peut également employer le connecteur **그러면 geulonmyon**, *dans ce cas, alors*, qui sert à relier deux idées sans les fusionner en une phrase. Ce dernier s'emploie au début de la deuxième phrase. Exemple : 싸요 ? 그러면 살게요, *Est-(ce) peu cher ? Dans ce cas / si c'est le cas, (je) vais (l')acheter*.

CHAPITRE 8 : LES CONNECTEURS OU CONJONCTIONS DE COORDINATION

Banque de mots

기분	giboun	*humeur*
기분이 좋다	gibouni djôhda	*être de bonne humeur*
눈이 나쁘다	nouni nappeuda	*avoir une mauvaise vue*
안경	an'gyong	*lunettes*
쓰다	sseuda	*porter* (lunettes, chapeau)
날씨가 나쁘다	nalssiga nappeuda	*il fait mauvais temps*
산책(을) 하다	santchèg(eul) hada	*se promener*

 Formez des phrases correctes en reliant les bons éléments ensemble.

1. 아기가 기분이 좋으면 •
2. 눈이 나쁘면 •
3. 날씨가 좋으면 •
4. 날씨가 나쁘면 •
5. 더우면 •

• a. 산책을 할 수 없어요.
• b. 안경을 쓰세요.
• c. 산책을 할 수 있어요.
• d. 웃어요.
• e. 창문을 여세요.

Le connecteur 으면서 -eumyonso / 면서 -myonso

Le connecteur **으면서 -eumyonso** / **면서 -myonso** exprime la simultanéité des actions, de la même façon que le gérondif en français. Quand le radical se termine par une consonne, utilisez **으면서** ; s'il se termine par une voyelle, utilisez **면서**. Exemple : **공부해요**, *(j')étudie* + **음악을 들어요**, *(j')écoute de la musique* = **공부하면서 음악을 들어요**, *(J')écoute de la musique en étudiant*. **공부하** (**공부하다**, *étudier*) + **면서** (gérondif : *en... ant*) = **공부하면서**, *en étudiant*.

Banque de mots

거울	go'oul	*miroir*
화장	hwadjang	*maquillage*
이야기(를) 하다	iyagi(leul) hada	*discuter*

팝콘	pʰabkʰôn	*popcorn*
텔레비전	tʰéllébidjon	*télévision*
라디오	ladiô	*radio*
음악	eumag	*musique*

CHAPITRE 8 : LES CONNECTEURS OU CONJONCTIONS DE COORDINATION

7 Traduisez les phrases suivantes.

1. 거울을 보면서 화장을 해요. → ....
2. 커피를 마시면서 이야기를 해요. → ....
3. 팝콘을 먹으면서 텔레비전을 봐요. → ....
4. 운전을 하면서 라디오를 들어요. → ....
5. 음악을 들으면서 운동을 해요. → ....

Le connecteur 으려고 -eulyogô / 려고 -lyogô, afin de, pour (que)

Le connecteur 으려고 **-eulyogô** / 려고 **-lyogô** sert à exprimer le but. Quand le radical se termine par une consonne, employez 으려고 ; s'il se termine par une voyelle 려고. Exemple : 한국에 가요, *(je) vais en Corée* + 한국어를 공부해요, *(j')étudie le coréen* = 한국에 가려고 한국어를 공부해요, *(J')étudie le coréen pour aller en Corée*.
가 (가다, *aller*) + 려고, *afin de* = 가려고, *afin d'(y) aller*.

Banque de mots

살을 빼다	sal(eul) ppèda	perdre du poids
배우다	bèouda	apprendre (qqch.)
돈을 모으다	dôn(eul) môeuda	économiser de l'argent
노래	nôlè	chant, chanson
가수	gasou	chanteur
...이/가 되다	i/ga dwéda	devenir...
춤	tchoum	danse

8 Traduisez les phrases suivantes.

1. 살을 빼려고 운동을 해요.

→ ....

2. 한국어를 배우려고 책을 샀어요.

→ ....

3. 한국에 가려고 돈을 모아요.

→ ....

CHAPITRE 8 : LES CONNECTEURS OU CONJONCTIONS DE COORDINATION

4. 한국어를 공부하려고 K-pop을 들어요.

→ ....

5. 가수가 되려고 노래와 춤을 배워요.

→ ....

9 Répondez à la question au même style.

무엇을 하려고 한국어를 배워요 ? (pour travailler en Corée)

→ ....

Le connecteur 자마자 djamadja

Le connecteur **자마자**, -djamadja, *dès que* permet d'indiquer qu'une action se déroule juste avant une autre. Il s'accole au radical sans différencier sa dernière lettre, ex. : 일어나요, *(je) me lève* + 커피를 마셔요, *(je) bois du café* = 일어나자마자 커피를 마셔요, *(Je) bois du café dès que (je) me lève.* 일어나 (일어나다, *se lever*) + **자마자**, *dès que* = 일어나자마자, *dès que (je) me lève.*

10 Traduisez du français en coréen (au style poli) et du coréen en français.

1. (J')écoute la radio dès que (je) me lève. → ....
2. (J')ouvre la fenêtre dès que (je) me lève. → ....
3. 나가자 마자 비가 왔어요. → ....
4. 먹자마자 배가 아팠어요. → ....
5. 한국에 가자마자 무엇을 할 거예요 ? → ....

축하합니다 (Félicitations!) Vous êtes venu à bout du chapitre 8! Il est maintenant temps de comptabiliser les icônes et de reporter le résultat en page 128 pour l'évaluation finale.

9
Les démonstratifs

Les démonstratifs 이, 그 et 저

En coréen, il y a trois formes de démonstratifs selon la distance de l'élément entre le locuteur et son interlocuteur : **이 i**, *ce*, **그 geu**, *ce ...-là*, et **저 djo**, *ce... là-bas*.
이 sert à désigner l'élément près du locuteur, ex. : **이 가방 i gabang**, *ce sac-ci* (près de moi).
그 sert à désigner l'élément se trouvant plus près de l'interlocuteur que du locuteur, ex. : **그 가방 geu gabang**, *ce sac-là* (près de l'interlocuteur). Enfin, **저** sert à désigner l'élément loin des deux interlocuteurs, à une distance telle qu'on ne peut pas le toucher, ex. : **저 가방 djo gabang**, *ce sac là-bas* (qui se trouve loin du locuteur et de l'interlocuteur).

Banque de mots

공룡	gônglyông	dinosaure
탱크	tʰèngkʰeu	tank
인형	inhyong	peluche
곰	gôm	ours
곰 인형	gôm inhyong	ours en peluche

장난감	djangnan'gam	jouet
공	gông	ballon
응	eung	oui (familier)
정말	djongmal	vraiment

1 Désignez les éléments comme si vous étiez à la place de Juni. Regardez l'exemple pour vous aider.

CHAPITRE 9 : LES DÉMONSTRATIFS

Ex. : (en indiquant le dinosaure qu'il tient dans ses mains) → 이 공룡

1. (à Dani en indiquant le dinosaure qu'elle tient dans ses mains) → ....
2. (à Tom en indiquant le livre qu'il est en train de lire) → ....
3. (à Océa en indiquant le tank qui se trouve devant Lucas) → ....
4. (à Zoé en indiquant la peluche qui se trouve devant elle) → ....
5. (à Margot en indiquant les livres empilés à côté de Tom) → ....

2 Traduisez en français.

1. 그 아이스크림 맛있어 ? → ....
2. 응, 이 아이스크림 정말 맛있어. → ....

3. 그 사탕도 맛있어 ? → ....
4. 저 아이스크림도 먹고 싶어. → ....
5. 저 사람이 누구지 ? → ....

Comme dans la phrase 5 de l'exercice 2, on peut utiliser la terminaison —지 -dji lorsqu'on se pose une question, ex. :
누구지 ? nougoudji, (je me demande) qui c'est ?
뭐지 ? mwodji, (je me demande) qu'est-ce que c'est ?
어디 있지 odi issdji ?, (je me demande) où ça se trouve ?

Le démonstratif 그

Le démonstratif 그 a une autre fonction. Il sert également à indiquer un élément que l'on est censé connaître et qui est absent de la scène, ou encore désigner un élément déjà mentionné. Il a alors la fonction de l'article défini en français (*le, la, les*). Exemple : **그 가방**, *le sac* (qu'on connaît ou qu'on a déjà mentionné).

CHAPITRE 9 : LES DÉMONSTRATIFS

3 Traduisez les phrases suivantes au style poli, en vous mettant du point de vue de Dani. Les indications entre parenthèses sont là pour vous aider à choisir le bon démonstratif.

1. *(Je) veux manger la pomme* (que maman avait acheté au marché mais que je ne vois plus).

   → ....

2. *(Je) veux jouer avec lui* (litt. [démonstratif] *ami*).

   → ....

3. *Où se trouvent les chaussures* (que mon papa a acheté pour mon anniversaire) ?

   → ....

4. *Où est-ce que (tu) as acheté les chaussettes* (que tu portes maintenant) ?

   → ....

Les pronoms démonstratifs 이것, 그것 et 저것

Pour désigner des objets, on utilise les pronoms démonstratifs selon la distance de l'élément entre le locuteur et son interlocuteur :
이것 igos, *celui-ci* (près du locuteur), **그것** geugos, *celui-là* (près de l'interlocuteur), *celui-là* (qu'on connaît ou qu'on a déjà mentionné) et **저것** djogos, *la chose là-bas* (loin du locuteur et de l'interlocuteur). À l'oral, on emploie plutôt : **이거**, *ça ici*, **그거**, *ça là*, **저거**, *ça là-bas*.

4 Traduisez en français.

1. 이것은 제 그림입니다. → ....

2. 저것을 사고 싶어요. → ....

3. 이거 맛있어요 ? → ....

CHAPITRE 9 : LES DÉMONSTRATIFS

La formation orale des pronoms démonstratifs avec les particules

La formation des démonstratifs avec les particules est irrégulière à l'oral :

- avec la particule de thème 은
  이것 + 은 = 이건 ; 그것 + 은 = 그건 ; 저것 + 은 = 저건
- avec la particule de sujet 이
  이것 + 이 = 이게 ; 그것 + 이 = 그게 ; 저것 + 이 = 저게
- avec la particule de COD 을
  이것 + 을 = 이걸 ; 그것 + 을 = 그걸 ; 저것 + 을 = 저걸

Exemple : 이게 뭐예요 ?, *Qu'est-ce que (c')est ça (près de moi) ?*
그거 주세요, *Donnez(-moi) ça (près de vous), s'il vous plaît.*

5 Traduisez les phrases suivantes.

1. 이건 제 신발이고 저건 동생 신발이에요.

   → ....

2. 그건 누구 신발이에요 ? → ....

3. 저게 뭐예요 ? → ....

4. 그걸 누르세요. → ....

5. 이걸 사겠어요. → ....

Les pronoms démonstratifs 여기, 거기 et 저기

Quand on indique un lieu, on utilise un pronom démonstratif en fonction de la distance entre ce lieu et le locuteur : **여기 yogi**, *ici*, **거기 gogi**, *là* (lieu plus proche de l'interlocuteur ; lieu que l'on connaît ou que l'on a déjà mentionné), **저기 djogi**, *là-bas* (lointain).

CHAPITRE 9 : LES DÉMONSTRATIFS

6 Traduisez les phrases suivantes.

1. 거기에서 뭐 하세요 ? → ....
2. 화장실이 어디예요 ? 저기예요. → ....
3. 여기가 어디예요 ? → ....
4. 여기를 만지지 마세요. → ....
5. 거기에 앉으세요. → ....
6. 저기에 가지 마세요. → ....

7 Traduisez en coréen au style poli les phrases suivantes. Les indications entre parenthèses sont là pour vous aider à choisir le bon pronom démonstratif.

1. *(C')est loin d'ici ?* → ....
2. *(Elle) se trouve là-bas.* → ....
3. (En regardant une photo de Séoul) *(Vous) connaissez ici ?* → ....
4. (En regardant une photo) *Oui, (je) connais (là).* → ....

Tableau récapitulatif des démonstratifs

	이 (près de moi)	그 (près de vous ou ce qu'on a déjà mentionné)	저 (loin du locuteur ou de l'interlocuteur)
adj. démonstratif	ex. : 이 사람 **i salam**, *cette personne-ci*	ex. : 그 사람 **geu salam**, *cette personne-là*	ex. : 저 사람 **djo salam**, *cette personne là-bas*
pronom démonstratif	이것, *celui-ci*	그것, *celui-là*	저것, *la chose là-bas*
pronom démonstratif de lieu	여기, *ici*	거기, *là*	저기, *là-bas*

CHAPITRE 9 : LES DÉMONSTRATIFS

Banque de mots

대한민국	dèhanmin'goug	*République de Corée*
태극기	tʰègeug'gi	nom du drapeau coréen
어떻게	ottohgé	*comment*

8 Remplacez les pointillés par le démonstratif qui convient.

1. La personne (que vous avez croisée hier au marché) est mon mari.
   .... 제 남편이에요.
2. Celui-ci est le drapeau de la République de Corée.
   .... 대한민국 태극기입니다.
3. (au téléphone) *Dani est là ?*
   다니가 .... 있어요 ?
4. Donnez(-moi) ça (là), s'il vous plaît.
   .... 주세요.
5. Prenez ce bus-ci (qui arrive maintenant).
   .... 타세요.

6. *Ce bus là-bas ?*
   .... 요 ?
7. Donnez(-moi) ça ici et ça là-bas, s'il vous plaît.
   .... 하고 .... 주세요.
8. Connaissez-(vous) cette personne là-bas ?
   .... 아세요 ?
9. (Je) descends ici.
   .... 내려요.
10. Comment le connaissez-vous ? (en parlant d'un objet)
    .... 어떻게 아세요 ?
11. Comment le connaissez-vous ? (en parlant d'une personne)
    .... 어떻게 아세요 ?

CHAPITRE 9 : LES DÉMONSTRATIFS

Le démonstratif avec 것

것 gos, *chose*, est un nom qui s'emploie toujours avec un autre nom et qui sert à indiquer l'appartenance d'un objet, ex. : **친구의 것**, *tchin'gou'eui gos*, *celui d'un ami* (litt. *ami-de chose*). La formulation correcte est : (personne) **의 것**, mais la particule du possessif **의** est très souvent omise, ex. : **친구 것**. À l'oral on emploie souvent la forme **거** à la place de **것**, ex. : **친구 거**.

Banque de mots

나	na	je, me, moi (forme familière)
아파트	ap^hat^heu	appartement
우리	ouli	notre
차	tcha	voiture

9 Traduisez les phrases suivantes.

1. 제 것이 아닙니다. → ....
2. 내 거야. → ....
3. 그거 내 거야. → ....
4. 이거 누구 거야 ? → ....
5. 저 아파트가 우리 집이에요. → ....
6. 이 차는 제 남편 거예요. → ....
7. 이건 아빠 거야 ? → ....
8. 그건 내 거야 ? → ....
9. 이건 다니 거. 저건 동생 거야. → ....
10. 그것은 누구의 것입니까 ? → ....

Vous aurez remarqué dans l'exercice 9 que le pronom personnel 저, *je* et la particule possessive 의, *de* se contractent, ex. 제. Quant à la forme familière du pronom personnel 나, *je* sa formation avec la particule possessive donne : 나 + 의 = 내.

축하합니다 (Félicitations !) Vous êtes venu à bout du chapitre 9 ! Il est maintenant temps de comptabiliser les icônes et de reporter le résultat en page 128 pour l'évaluation finale.

Exprimer la courtoisie : la forme honorifique

La marque honorifique 으시 / 시

En coréen, l'emploi de la marque honorifique 으시 -eusi- / 시 -si- est presque obligatoire afin de faire preuve de déférence envers la personne qui exerce l'action (quand on emploie un verbe d'action) ou qui est décrite (quand on emploie un verbe d'état).

Pour employer la marque honorifique, c'est simple ! Accolez 으시 au radical verbal s'il se termine par une consonne et 시 s'il se termine par une voyelle, ex. : 읽 (읽다 *lire*) + 으시 ; 가 (가다 *aller*) + 시. Puis ajoutez une terminaison de style au choix, ex. : 읽 (읽다) + 으시 + ㅂ니다 = 읽으십니다 ou 읽 (읽다) + 으시 + 어요 = 읽으세요 (으시 + 어요 se contractent en 으세요) ; 가 (가다) + 시 + ㅂ니다 = 가십니다 ou 가 (가다) + 시 + 어요 = 가세요 (시 + 어요 se contractent en 세요). Attention ! On n'emploie pas la marque honorifique à la première personne.

Les terminaisons que vous avez apprises, par exemple au mode impératif 으십시오 / 십시오, 지 마십시오, 지 마세요, comportent déjà la marque honorifique.

 Complétez le tableau.

Verbes à l'infinitif	Avec la marque honorifique au style ultra formel	Avec la marque honorifique au style poli
1. 웃다, *rire*		
2. 좋다, *être bien*		
3. 사다, *acheter*		
4. 작다, *être petit*		
5. 배우다, *apprendre*		
6. 일하다, *travailler*		
7. 공부하다, *étudier*		
8. 사랑하다, *aimer*		

CHAPITRE 10 : EXPRIMER LA COURTOISIE : LA FORME HONORIFIQUE

Trouvez la bonne traduction en coréen (il peut y avoir deux réponses correctes).

1. *(Je) vais à l'école.*

   a. 학교에 갑니다. b. 학교에 가십니다. c. 학교에 가세요. d. 학교에 갈 수 있습니다.

2. *(Mon grand-père) est grand.*

   a. 커요. b. 큽니다. c. 크십니다. d. 크세요.

3. *(Ma grand-mère) est malade.*

   a. 아프십니다. b. 아픕니다. c. 아파요. d. 아프세요.

4. *(Ma voiture) est jolie.*

   a. 예쁘세요. b. 예쁘십니다. c. 예쁩니다. d. 예뻐요.

5. *(Mon petit frère) est drôle.*

   a. 재미있어. b. 재미있어요. c. 재미있으세요. d. 재미있으십니다.

Banque de mots

안녕하다*	annyeonghada	*bonjour (litt. être en paix)*
새해	sèhè	*Nouvel An*
복	bôg	*bonheur*
많이	manhi	*beaucoup*
새해 복 많이 받다*	sèhè bôg manhi badda	*bonne année (litt. Nouvel An bonheur beaucoup recevoir)*
어서 오다*	oso oda	*bienvenu/bonjour (litt. vite venir)*
안녕히	annyonghi	*paisiblement*
안녕히 가다*	annyonghi gada	*au revoir (litt. paisiblement partir)*
생일	sèng'il	*anniversaire*
축하하다	tchoughahada	*féliciter*
생일 축하하다*	sèng'il tchoughahada	*joyeux anniversaire (litt. anniversaire féliciter)*
맛있게	masissgé	*de façon savoureuse (litt. délicieusement)*
맛있게 먹다*	masissgé mogda	*bon appétit (litt. délicieusement manger)*

Les verbes signalés d'un astérisque (*) sont présentés à l'infinitif, mais ils n'existent généralement que dans leur forme conjuguée.

CHAPITRE 10 : EXPRIMER LA COURTOISIE : LA FORME HONORIFIQUE

3 Trouvez la bonne expression en coréen (il peut y avoir deux réponses correctes).

1. *Bonjour !* (À son professeur)
a. 안녕 ?   b. 안녕하세요 ?   c. 안녕하십니까 ?   d. 안녕하지 ?

« Bonjour » en coréen s'exprime avec le verbe 안녕하다 en mode interrogatif et signifie littéralement « Êtes-vous en paix ? ».

2. *Bonne année !* (À ses grands-parents)
a. 새해 복 많이 받으세요.   b. 새해 복 많이 받아요.   c. 새해 복 많이 받아.
d. 새해 복 많이 받습니다.

« Bonne année » en coréen s'exprime avec le verbe 새해 복 많이 받다 au mode impératif et signifie littéralement « Recevez beaucoup de bonheur pour Nouvel An ».

3. *Bienvenue/Bonjour !* (Le vendeur aux clients)
a. 어서 와.   b. 어서 오세요.   c. 어서 오십시오.   d. 어서 와요.

Bonjour/bienvenue (dans un commerce) s'exprime avec le verbe 어서 오다 au mode impératif et signifie littéralement « Venez vite ».

4. *Au revoir !* (En raccompagnant des invités)
a. 안녕히 가요.   b. 안녕히 가세요.   c. 안녕히 갑니다.   d. 안녕히 가십시오.

Il y a deux façons de dire « au revoir » en coréen. Ceux qui raccompagnent les gens qui partent peuvent utiliser 안녕히 가다 au mode impératif ce qui signifie littéralement « Partez paisiblement ».

5. *Joyeux anniversaire !* (À un ami)
a. 생일 축하해.   b. 생일 축하하십니다.   c. 생일 축하하세요.   d. 생일 축하해요.

6. *Bon appétit !* (À ses enfants)
a. 맛있게 먹어.   b. 맛있게 먹으세요.   c. 맛있게 먹으십시오.   d. 맛있게 먹습니다.

Il y a deux façons de dire « bon appétit » en coréen. Soit 맛있게 먹다 au mode impératif et qui signifie littéralement « Mangez délicieusement », soit 잘 먹겠습니다 qui signifie littéralement « (Je) vais bien manger ».

83

CHAPITRE 10 : EXPRIMER LA COURTOISIE : LA FORME HONORIFIQUE

Les formations irrégulières avec la marque honorifique

Certains verbes ne prennent pas la marque honorifique, mais ils changent radicalement de forme lorsqu'ils expriment la forme honorifique.

- 자다 *djada*, *dormir* se transforme en 주무시다. Par exemple, pour dire « bonne nuit », on peut dire soit 잘 자, litt. *bien dors*, soit 안녕히 주무세요, litt. *paisiblement dormez* qui est la forme honorifique.
- 먹다 *mogda*, *manger* se transforme en 드시다 ou 잡수시다. Par exemple, « bon appétit » à la forme honorifique se dit 맛있게 드세요 ou 잡수세요, litt. *délicieusement mangez*.
- 있다 *issda*, *rester, être quelque part* se transforme en 계시다. Par exemple, « au revoir » se dit 안녕히 계세요, litt. *paisiblement restez* (employé par ceux qui partent).

4 Traduisez en coréen ce que dit Juni qui a trois ans.

1. À sa grand-mère : *Bonne nuit.* → ....
2. À sa grande sœur : *Bonne nuit.* → ....
3. (Mon grand-père) *est en Corée.* → ....
4. À son grand-père : *Bon appétit.* → ....
5. En raccompagnant ses grands-parents : *Au revoir.* → ....

5 Traduisez les phrases suivantes.

1. 많이 드세요. → ....
2. 언제 주무세요 ? → ....
3. 점심에 무엇을 드세요 ? → ....
4. 어제 어디에 계셨습니까 ? → ....
5. 저녁에 무엇을 잡수셨어요 ? → ....

CHAPITRE 10 : EXPRIMER LA COURTOISIE : LA FORME HONORIFIQUE

La forme honorifique des particules

Certaines particules, ex. : P. sujet, P. thème et P. COI, se transforment quand on utilise la forme honorifique.

- La particule de sujet 이 / 가 se transforme en 께서
  Ex. : 친구가 착해요, (Mon) ami est gentil.
  할머니께서 착하세요, (Ma) grand-mère est gentille.

- La particule de thème 은 / 는 se transforme en 께서는
  Ex. : 동생은 집에 있어요, (Mon) petit frère / (Ma) petite sœur est à la maison.
  할아버지께서는 집에 계세요, (Mon) grand-père est à la maison.

- La particule de COI 에게 se transforme en 께. Voir la leçon suivante pour les détails.

6 Choisissez la bonne particule.

1. 동생...... 책을 읽습니다.
   a. 가   b. 이   c. 께서   d. 께서는

2. 할머니 가방...... 작습니다.
   a. 이   b. 께서는   c. 가   d. 께

3. 할아버지...... 서울에 계십니다.
   a. 가   b. 이   c. 께   d. 께서는

4. 할아버지 차...... 큽니다.
   a. 께서는   b. 께   c. 께서   d. 가

5. 선생님...... 무엇을 하세요 ?
   a. 께서는   b. 이   c. 가   d. 을

Il n'est pas nécessaire d'utiliser la forme honorifique quand on parle d'un objet ou de soi-même !

Banque de mots

| 누나 | nouna | *grande sœur* (employé par le cadet) |
| 오빠 | ôppa | *grand frère* (employé par la cadette) |

7 Modifiez les phrases en changeant de sujet comme dans l'exemple.

Ex. : 저는 학교에 갑니다. → 할머니께서는 학교에 가십니다.

1. 누나가 요리를 합니다. → 할아버지 ....
2. 오빠가 지금 집에 있어요 ? → 할머니께서 지금 ....
3. 형이 텔레비전을 봅니다. → 아버지 ....
4. 동생이 방에서 잡니다. → 어머니 ....
5. 동생이 비빔밥을 먹습니다. → 선생님 ....

CHAPITRE 10 : EXPRIMER LA COURTOISIE : LA FORME HONORIFIQUE

La forme honorifique portant sur le COI

Vous avez déjà appris qu'il est possible de montrer de la déférence envers le sujet en utilisant la marque honorifique. On peut également vouloir présenter de la déférence envers le COI de la phrase. Dans ce cas, le verbe change. Par exemple, 주다, *donner*, devient 드리다. Ainsi 친구에게 줘요, *(Je le) donne à un ami* devient 선생님께 드려요, *(Je le) donne au professeur*.

Les verbes composés de 하다 se transforment en 드리다 :
축하하다, *féliciter* se transforme en 축하드리다 ce qui donne :
축하드려요, *(Je vous) félicite*.
인사하다, *saluer* se transforme en 인사드리다 ce qui donne :
인사드립니다, *(Je vous) salue*.
전화하다, *téléphoner* se transforme en 전화드리다.
Ainsi 누나에게 전화해요, *(Je) téléphone à (ma) grande sœur* devient 선생님께 전화드려요, *(Je) téléphone à (mon) professeur*.

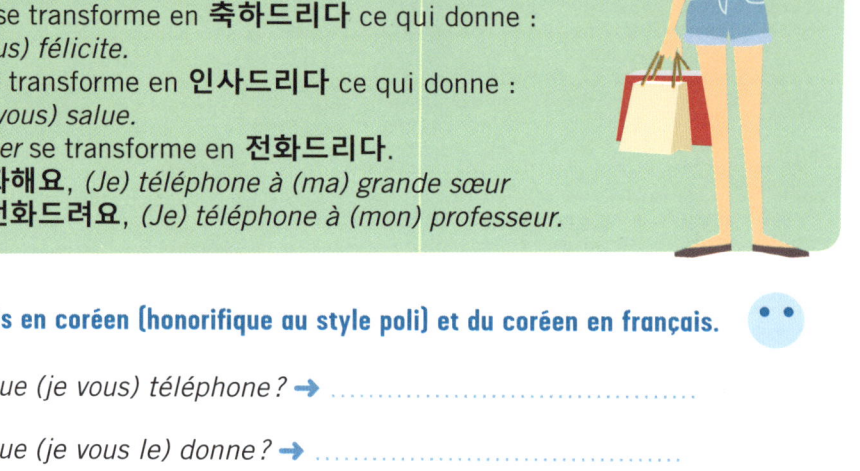

8 Traduisez du français en coréen (honorifique au style poli) et du coréen en français.

1. *Quand est-ce que (je vous) téléphone ?* → ....

2. *Quand est-ce que (je vous le) donne ?* → ....

3. *Félicitations !* → ....

4. *(Je) donne un cadeau à (mon) grand-père.* → ....

5. 할아버지께서 저에게 용돈을 주십니다.

→ ....

6. 저는 할아버지께 선물을 드립니다.

→ ....

7. 선생님께 인사드립니다.

→ ....

8. 선생님께서 인사하십니다.

→ ....

Si vous avez bien compris, la terminaison de style apporte la voix/le ton du locuteur (ultra formel, poli, familier) ; la forme honorifique apporte une note de déférence envers le sujet ou le COI de la phrase.

CHAPITRE 10 : EXPRIMER LA COURTOISIE : LA FORME HONORIFIQUE

La forme honorifique des noms

Tout comme les verbes, certains noms se transforment à la forme honorifique. Par exemple :

- 나이, *âge* devient 연세.
  아들 나이는 세 살입니다, *(Mon) fils a 3 ans* (litt. *fils âge* [-P. thème] *trois* [classificateur pour âge]*-être*).
  어머니 연세는 75세입니다, *(Ma) mère a 75 ans* (litt. *mère âge* [-P. thème] *75* [-classificateur pour âge]*-être*).

- 집, *maison* devient 댁.
  아들 집에 갑니다, *(Je) vais chez (mon) fils* (litt. *fils maison*)
  어머니 댁에 갑니다, *(Je) vais chez (ma) mère* (litt. *mère maison*)

- 밥, *repas* devient 식사.
  동생 밥, *(le) repas de (mon) petit frère / (ma) petite sœur* (version verbale : 밥을 먹다, *prendre un repas*)
  할아버지 식사, *(le) repas de grand-père* (version verbale : 식사하다, *prendre un repas*)

- 말, *parole* devient 말씀.
  동생의 말, *parole de petit frère / petite sœur.*
  선생님의 말씀, *parole de professeur.*

Comment lit-on les chiffres et qu'est-ce que le classificateur pour l'âge ? Ne vous inquiétez pas, vous verrez comment dire les nombres en coréen au prochain chapitre. Pour le moment, concentrez-vous sur la forme honorifique.

CHAPITRE 10 : EXPRIMER LA COURTOISIE : LA FORME HONORIFIQUE

Dire l'âge en coréen

Savez-vous comment on compte l'âge en coréen ? On attribue déjà un an quand le bébé est dans le ventre de sa mère et on lui attribue un an de plus au 1er janvier de l'année suivant sa naissance.
Par exemple, Juni est né le 28 décembre 2018. Il a eu 2 ans le 1er janvier 2019. En effet, il était déjà âgé d'un an le jour de sa naissance et il a gagné un an de plus le 1er janvier 2019 même s'il n'a réellement vécu que quelques jours entre temps.
C'est sans doute pourquoi on emploie le verbe « être » quand on parle de son âge. Au lieu de dire « j'ai x an(s) », en coréen on s'exprime littéralement : « je suis dans ma xe année ».

9 Traduisez les phrases suivantes.

1. 제 나이는 25세입니다. → ....

2. 할아버지 연세는 82세입니다. → ....

3. 점심 식사를 언제 드셨어요 ? → ....

4. 지금 밥 먹고 싶어요. → ....

5. 댁에 언제 계세요 ? → ....

6. 집에 가고 싶어요. → ....

7. 친구한테 언제 말하지 ? → ....

8. 말씀하세요. → ....

Les expressions honorifiques

Voici quelques expressions honorifiques que l'on utilise quand on pose des questions :

- *Quel âge avez-(vous) ?*
나이가 어떻게 되세요 ? ou **연세가 어떻게 되세요 ?**, (litt. *âge* [-P. sujet] *comment devenir ?*), quand on s'adresse à une personne plus âgée.

- *Quel métier avez-(vous) ?*
직업이 어떻게 되세요 ?, (litt. *métier* [-P. sujet] *comment devenir ?*)

- *Où habitez-(vous) ?*
어디에 사세요 ?, (litt. *où* [-P. lieu] *habiter ?*)

CHAPITRE 10 : EXPRIMER LA COURTOISIE : LA FORME HONORIFIQUE

- *(On) s'occupe de (vous) ?* (pour accueillir quelqu'un dans un contexte officiel)
  어떻게 오셨어요 ?, (litt. *comment venir ?*).
- *Avez-(vous) fait (votre) choix ?* (pour prendre une commande au restaurant)
  무엇을 드시겠어요 ?, (litt. *que [-P. COD] manger ?*)

Banque de mots

등록	**deunglôg**	*inscription*
등록하다	**deunglôghada**	*s'inscrire*
번역	**bonyog**	*traduction*
번역가	**bonyogga**	*traducteur*

 Reliez la question à la réponse adaptée.

1. 어떻게 오셨어요 ? •
2. 나이가 어떻게 되세요 ? •
3. 직업이 어떻게 되세요 ? •
4. 무엇을 드시겠어요 ? •
5. 어디에 사세요 ? •

• a. 번역가예요.
• b. 등록하러 왔어요.
• c. 37살이에요.
• d. 비빔밥을 먹겠어요.
• e. 프랑스에 살아요.

축하합니다 (Félicitations !) Vous êtes venu à bout du chapitre 10 ! Il est maintenant temps de comptabiliser les icônes et de reporter le résultat en page 128 pour l'évaluation finale.

11 Les chiffres

Le comptage coréen

En coréen, il y a deux systèmes de comptage : le comptage purement coréen et le comptage sino-coréen. Le comptage coréen sert dans la vie courante pour les petites quantités, ex. : compter des objets, donner l'âge et donner l'heure. Attention ! On emploie le comptage coréen pour les heures, mais on emploie le comptage sino-coréen pour les minutes.

Les nombres du comptage coréen s'écrivent tout attachés sans espaces.

Tableau des nombres en comptage coréen

1	2	3	4	5	6	7	8	9	10
하나 (한)	둘 (두)	셋 (세)	넷 (네)	다섯	여섯	일곱	여덟	아홉	열
11	12	13	14	15	16	17	18	19	20
열하나 (한)	열둘 (두)	열셋 (세)	열넷 (네)	열다섯	열여섯	열일곱	열여덟	열아홉	스물 (스무)
21		30	40	50	60	70	80	90	100
스물하나		서른	마흔	쉰	예순	일흔	여든	아흔	백

Certains chiffres perdent leur dernière consonne lorsqu'ils sont suivis d'un mot. Voir les chiffres entre parenthèses.

❶ Écrivez les nombres suivants selon le système de comptage coréen.

1. 37 ➔ ....
2. 17 ➔ ....
3. 109 ➔ ....
4. 22 ➔ ....
5. 68 ➔ ....
6. 75 ➔ ....
7. 99 ➔ ....

❷ Continuez à compter en coréen jusqu'à dix personnes.

1. 한 사람, *une personne*
2. ....
3. ....
4. ....
5. ....
6. ....
7. ....
8. ....
9. ....
10. ....

CHAPITRE 11 : LES CHIFFRES

Quelle heure est-il ?

L'heure en coréen s'exprime par cycles de 12 h : **오전**, *matin*, **오후**, *après-midi*. On utilise **시** pour donner les heures et **분** pour les minutes. Par exemple, *17 h* se dit **오후 5시**, litt. *après-midi 5-heure*. Pour dire « Il est… heures. » on emploie le verbe **이다**, *être* : « **…시… 분입니다** », *(il) est …h…*

3 Écrivez l'heure donnée par ces horloges digitales en utilisant le verbe **이다**, *être* au style poli.

13:00 1. ....
18:00 2. ....
2:00   3. ....
22:00 4. ....
20:00 5. ....

Le comptage sino-coréen

On utilise le système de comptage sino-coréen pour parler du prix, des minutes, pour donner la date, un numéro de téléphone, etc.

Tableau des nombres en comptage sino-coréen

1	2	3	4	5	6	7	8	9	10
일	이	삼	사	오	육	칠	팔	구	십
11	12	13	14	15	16	17	18	19	20
십일	십이	십삼	십사	십오	십육	십칠	십팔	십구	이십
21		30	40	50	60	70	80	90	100
이십일		삼십	사십	오십	육십	칠십	팔십	구십	백
1 000	10 000	100 000		1 000 000		10 000 000		100 000 000	
천	만	십만		백만		천만		억	

Il existe une unité à quatre zéros : 10 000 (**만**). Par exemple, 50 000 se dit **오만** ; 120 000 se dit **십이만**. Lorsqu'on écrit en chiffres arabes, on divise en unités de trois chiffres, mais lorsqu'on écrit en toutes lettres en coréen, on divise en unités de 10 000 (**만**), ex. : 125 000 se dit **십이만 오천**. Ce n'est pas évident, mais le système français avec « soixante-dix » et « quatre-vingts » n'est pas très logique non plus !

CHAPITRE 11 : LES CHIFFRES

4 Écrivez les nombres suivants en comptage sino-coréen.

1. 38 → ....
2. 2019 → ....
3. 99 → ....
4. 1 500 → ....

5. 10 000 → ....
6. 20 000 → ....
7. 50 000 → ....

Parler du prix

La devise coréenne est le **won** : 원 (₩). On parle d'un prix en utilisant le verbe **이다**, *être*. Pour demander le prix de quelque chose, on peut dire par exemple : **얼마예요 ?**, *Combien (ça) coûte ?* ; **가격이 얼마예요 ?**, *Combien ça coûte ? litt. (prix [-P.sujet]) combien-être ?* ; **가격이 어떻게 돼요 ?**, *Combien ça coûte ? litt. (prix [-P.sujet] comment devenir ?)* ; **...이/가 얼마예요 ?**, *Combien coûte... ?*

Banque de mots

시계	sigyé	montre, horloge
반지	bandji	bague
원	won	₩ (devise coréenne)

5 Demandez et donnez le prix en lettres en complétant les phrases suivantes.

1. Q : .... 예요 ?
   R : .... 이에요.
   39 000 원

2. Q : 바나나가 ....
   .... ?
   R : ....
   5 000 원

3. Q : .... 어떻게 돼요 ?
   R : ....
   150 000 원

4. Q : .... 얼마예요 ?
   R : ....
   28 000 000 원

Il faut savoir lire les grands nombres, car 1 euro équivaut à 1300 won environ.

CHAPITRE 11 : LES CHIFFRES

Savoir dire l'heure

Comme vous l'avez déjà appris précédemment, les heures sont exprimées à l'aide du comptage coréen et les minutes à l'aide du comptage sino-coréen, ex. : 13 h 30 se dit **오후 1(한)시 30(삼십)분**, *1 h 30 de l'après-midi* ; ou **오후 1(한)시 반**, *1 heure et demie de l'après-midi*. 9 h 50 se dit **오전 9(아홉)시 50(오십)분**, *9 h 50 du matin* ; ou **오전 10(열)시 10(십)분 전**, *10 heures moins 10 du matin*.

Banque de mots

자정	djadjong	*minuit*
정오	djong'ô	*midi*
반	ban	*... et demi*
전	djon	*avant*

얼마	olma	*combien* (suggère une approximation ou quelque chose d'indéfini et s'emploie toujours avec un verbe)
몇	myotch	*combien* (s'emploie avec un nom)
정각	djonggag	*(à l')heure exacte, pile*

6 Répondez au style poli à la question : **몇 시예요 ?**, *Quelle heure est-il ?*

1.

2.

3.

4.

5.

Quand on écrit en chiffres arabes, on peut coller le chiffre au mot suivant, mais quand on écrit en toutes lettres, il faut garder une espace entre les deux.

Banque de mots

일어나다	ilonada	*se lever*
부터	boutʰo	*à partir de*
까지	kkadji	*jusqu'à*
도착	dôtchag	*arrivée*
도착하다	dôtchaghada	*arriver*

CHAPITRE 11 : LES CHIFFRES

7 Dani a une matinée bien remplie. Replacez ses activités dans l'ordre chronologique.

a. 다니는 여덟 시 사십 분에 학교에 갑니다.
b. 아침 아홉시부터 열두 시까지 공부를 합니다.
c. 다니는 아침 일곱 시 반에 일어납니다.
d. 다니는 여덟 시에 부모님과 아침 식사를 합니다.
e. 열두 시부터 오후 두 시까지 점심을 먹습니다.
f. 다니는 아홉시 정각에 학교에 도착합니다.

c. → .... → .... → .... → .... → ....

부터, *à partir de*, et 까지, *jusqu'à*, s'accolent au mot précédent, ex. :
아침부터 저녁까지, *à partir du matin jusqu'au soir* ;
서울부터 부산까지, *de Séoul jusqu'à Busan*.

Comment dire la date ?

Pour dire la date, on utilise le système de comptage sino-coréen et on emploie les mots / les classificateurs pour le temps dans l'ordre suivant : **년**, *année*, **월**, *mois*, **일**, *jour*.

Les mois de l'année : en coréen, un chiffre arabe est associé à chaque mois, mais on le lit selon le comptage sino-coréen. Par exemple, le mois de janvier s'écrit « **1월** » avec le chiffre arabe, mais il se lit selon le comptage sino-coréen : **일월**

janvier	février	mars	avril	mai	juin
1(일)월	**2(이)월**	**3(삼)월**	**4(사)월**	**5(오)월**	**6(유)월**
juillet	août	septembre	octobre	novembre	décembre
7(칠)월	**8(팔)월**	**9(구)월**	**10(시)월**	**11(십일)월**	**12(십이)월**

Les mois de juin et d'octobre se lisent sans la dernière lettre du chiffre associé : juin 육월 → 유월 le ㄱ g du chiffre 육 *youg*, *six*, ne se prononce pas. Et pour octobre : 십월 → 시월.

Par exemple, le 3 décembre 2016 s'écrit : **2016년 12월 3일** et se lit : **이천십육년 십이월 삼일**.

CHAPITRE 11 : LES CHIFFRES

8 Écrivez ces dates en toutes lettres en coréen et traduisez-les en français.

1. 1982년 6월 16일 → ....
2. 1981년 6월 10일 → ....
3. 2016년 12월 3일 → ....
4. 2018년 12월 28일 → ....

Banque de mots

입학식	ibhagsig	cérémonie d'entrée des élèves de première année à l'école (maternelle, élémentaire, etc.)
졸업식	djôlobsig	cérémonie de remise des diplômes de fin d'études
어버이날	obo'inal	fête des Parents
어린이날	olininal	fête des Enfants

9 Formez la question et la réponse comme dans l'exemple, au style poli.

Ex. : (입학식, 3월 2일)
– 입학식이 언제예요 ?, *(C')est quand (ta) cérémonie d'entrée à l'école ?*
– 3(삼)월 2(이)일이에요, *(C')est le 2 mars.*

1. (생일, 2018년 12월 28일)

– ....

– ....

2. (졸업식, 2월 16일)

– ....

– ....

3. (어버이날, 5월 8일)

– ....

– ....

4. (어린이날, 5월 5일)

– ....

– ....

CHAPITRE 11 : LES CHIFFRES

Donnez son numéro de téléphone

Voici comment on peut donner son numéro selon le comptage sino-coréen, ex. : 010-4370-2753 **공일공에 사삼칠공에 이칠오삼**. Le chiffre 0 se dit **공** ou **영**. Le trait d'union se dit **에**.

 Écrivez les numéros en toutes lettres.

Banque de mots

피자	pʰidja	pizza
미용실	miyôngsil	salon de coiffure
부동산	boudôngsan	agence immobilière
빵	ppang	pain
빵집	ppangdjib	boulangerie
번호	bonhô	numéro
전화번호	djonhwabonhô	numéro de téléphone

1.  나폴리 피자
Napoli pizza,
02-534-1980

2.  신당동 떡볶이,
tteokbokki Sindang-dong,
070-524-8282

3.  뽀글뽀글 미용실
salon de coiffure Ppogeulppogeul
02-2890-9823

4.  다비드 부동산
agence immobilière David
02-4786-7424

5.  파리 빵집
boulangerie Paris
02-690-0123

1. 부동산 전화번호가 어떻게 돼요 ?

→ ....

2. 피자집 전화번호가 뭐예요 ?

→ ....

3. 빵집 전화번호를 아세요 ?

→ ....

4. 떡볶이집에 전화하고 싶어요.

→ ....

5. 미용실 전화번호를 알고 싶어요.

→ ....

집 accolé à un mot signifie souvent qu'il s'agit d'un commerce, ex. : 꽃, fleur → 꽃집, boutique de fleurs.
신당동 Sindang-dong est un quartier à Séoul très connu pour déguster du 떡볶이 tteokbokki.

CHAPITRE 11 : LES CHIFFRES

Les onomatopées

뽀글뽀글 ppôgeulppôgeul est une onomatopée gestuelle. En coréen, on trouve des onomatopées qui imitent des bruits, ex. : **풍덩 pʰoungdong**, *plouf*, mais également qui imitent des émotions, des gestes, etc. ex. : **뽀글뽀글 ppôgeulppôgeul** pour « imiter » les boucles serrées des cheveux.

Exprimer une durée

Quand on parle de durée, on emploie le système de comptage sino-coréen ou coréen souvent accompagné du verbe **걸리다 gollida**, *prendre* (temps).

- Pour exprimer une durée en heures, on utilise les nombres coréens avec le mot **시간 sigan**, *heure* (durée), ex. : **두 시간**, *deux heures* (durée).
- Pour exprimer une durée en mois, on peut employer les deux systèmes de comptage, ex. : **세 달** ou **3(삼)개월**, *trois mois*.

Attention ! On emploie le mot **달**, *mois* (durée) si on utilise le système de comptage coréen, mais **개월**, *mois* (durée) si on utilise le système sino-coréen.

- Pour exprimer une durée en année, on peut employer les deux systèmes de comptage, ex. : **다섯 해**, *cinq années*, **5(오)년**, *cinq ans*. On utilise le mot **해**, *année* accolé au chiffre coréen, mais **년**, *an* accolé au chiffre sino-coréen.

Banque de mots

동안	dông'an	pendant
잠	djam	sommeil
에서	éso	depuis
얼마나	olmana	combien (de temps)

CHAPITRE 11 : LES CHIFFRES

 Regardez les informations dans le cadre ci-dessous et répondez aux questions en écrivant le chiffre en toutes lettres.

> 한국 : 2015년부터 2018년까지
> 한국어 공부 : 2014년 7월부터 2014년 12월
> 잠 : 저녁 10시부터 아침 7시까지
> 서울-부산 : 5시간

1. 한국에 얼마 동안 계셨어요 ?

   → ....

2. 한국어를 얼마 동안 공부하셨어요 ?

   → ....

3. 몇 시간 주무셨어요 ?

   → ....

4. 서울에서 부산까지 얼마나 걸려요 ?

   → ....

Voici comment nommer les différents moments de la journée : 오전, *matinée* ; 오후, *après-midi* ; 새벽, *aube* ; 아침, *matin* ; 점심, *midi* ; 저녁, *soir* ; 밤, *nuit*.

축하합니다 (Félicitations !) Vous êtes venu à bout du chapitre 11 ! Il est maintenant temps de comptabiliser les icônes et de reporter le résultat en page 128 pour l'évaluation finale.

Les classificateurs. Donner un prix

Classificateur

Dans le chapitre précédent, nous avons vu les expressions : **한 사람**, *une personne*, **한 시**, *une heure*. Dans ces expressions **사람**, *personne* et **시**, *heure* sont des classificateurs. Qu'est-ce qu'un classificateur ? C'est un élément servant à dénombrer et/ou quantifier des éléments cités. Ils n'existent pas dans la langue française, mais en coréen, chaque élément dénombrable possède un classificateur adapté à sa nature.

Dans la phrase on utilise les classificateurs selon l'ordre suivant :
élément à dénombrer – chiffre coréen – classificateur

Classificateur (classf.)	Usage	Exemple
사람 salam (en coréen) **명 myong** (en sino-coréen) **분 boun** (en honorifique)	pour compter les personnes	**학생 한 명**, *un étudiant* (litt. *étudiant un* classf.)
마리 mali	pour compter les animaux	**고양이 두 마리**, *deux chats* (litt. *chat deux* classf.)
잔 djan	pour compter les tasses ou les verres	**커피 세 잔**, *trois tasses de cafés* (litt. *café trois* classf.)
병 byong	pour compter les bouteilles	**맥주 네 병**, *quatre bouteilles de bière* (litt. *bière quatre* classf.)
대 dè	pour compter les véhicules ou les appareils électriques	**비행기 다섯 대**, *cinq avions* (litt. *avion cinq* classf.)
개 gè	pour compter la plupart des petits objets	**사과 여섯 개**, *six pommes* (litt. *pomme six* classf.)
권 gwon	pour compter les livres	**책 일곱 권**, *sept livres* (litt. *livre sept* classf.)
살 sal	pour compter l'âge (avec le comptage coréen)	**여덟 살**, *8 ans* (litt. *huit* classf.)
세 sé	pour compter l'âge (avec le comptage sino-coréen)	**팔 세**, *8 ans* (litt. *huit* classf.)
벌 bol	pour compter les vêtements	**원피스 아홉 벌**, *neuf robes* (litt. *robe neuf* classf.)
켤레 kʰyollé	pour compter les paires de chaussures et de chaussettes	**양말 열 켤레**, *dix paires de chaussettes* (litt. *chaussette dix* classf.)

CHAPITRE 12 : LES CLASSIFICATEURS. DONNER UN PRIX

Banque de mots

경찰관	gyongtchalgwan	policier
곰	gôm	ours
구두	goudou	chaussures de ville
만화책	manhwatchèg	bande dessinée

1 Donnez le nombre des éléments que vous voyez en utilisant le classificateur adapté comme dans l'exemple.

 ex. : 사탕 세 개

 1. ....  2. ....

 3. ....  4. ....

 5. ....  6. ....

Banque de mots

립스틱	libseut{h}ig	rouge à lèvres
마스카라	maseuk{h}ala	mascara
당근	danggeun	carotte
양파	yangp{h}a	oignon
티셔츠	t{h}isyotcheu	t-shirt
바지	badji	pantalon
소주	sôjou	soju (alcool de riz coréen)

CHAPITRE 12 : LES CLASSIFICATEURS. DONNER UN PRIX

 Formez des phrases au style poli pour décrire ce qui a été acheté, comme dans l'exemple.

Ex. : Trois bonbons. ➔ 사탕 세 개를 샀어요.

1. Un rouge à lèvres et deux mascaras. ➔ ....
2. Deux carottes et quatre oignons. ➔ ....
3. Un t-shirt et deux pantalons. ➔ ....
4. Sept bandes dessinées. ➔ ....
5. Cinq bouteilles de soju. ➔ ....

Banque de mots

앞	ap^h	devant	거울	go'oul	miroir
뒤	dwi	derrière	책상	tchègsang	bureau
위	wi	dessus	바닥	badag	sol
아래	alè	dessous	의자	euidja	chaise
안	an	intérieur	식탁	sigt^hag	table (à manger)
밖	bakk	dehors	침대	tchimdè	lit
옆	yop^h	côté	개	gè	chien
인형	inhyong	peluche			

 Répondez aux questions suivantes au style ultra formel en précisant le nombre d'éléments.

Ex. : 방에 무엇이 있습니까 ?, *Qu'est-ce qu'il y a dans la chambre ?*
(litt. *chambre* [P. lieu] *que* [-P. sujet] *exister*)

인형 네 개가 있습니다
Il y a quatre peluches
(litt. *peluche quatre* classf. [-P. sujet] *exister*).

Il ne faut pas oublier d'accoler la particule adaptée,
ex. : 인형 네 개, quatre peluches, est le sujet du verbe 있다,
il faut donc y accoler la particule de sujet.

CHAPITRE 12 : LES CLASSIFICATEURS. DONNER UN PRIX

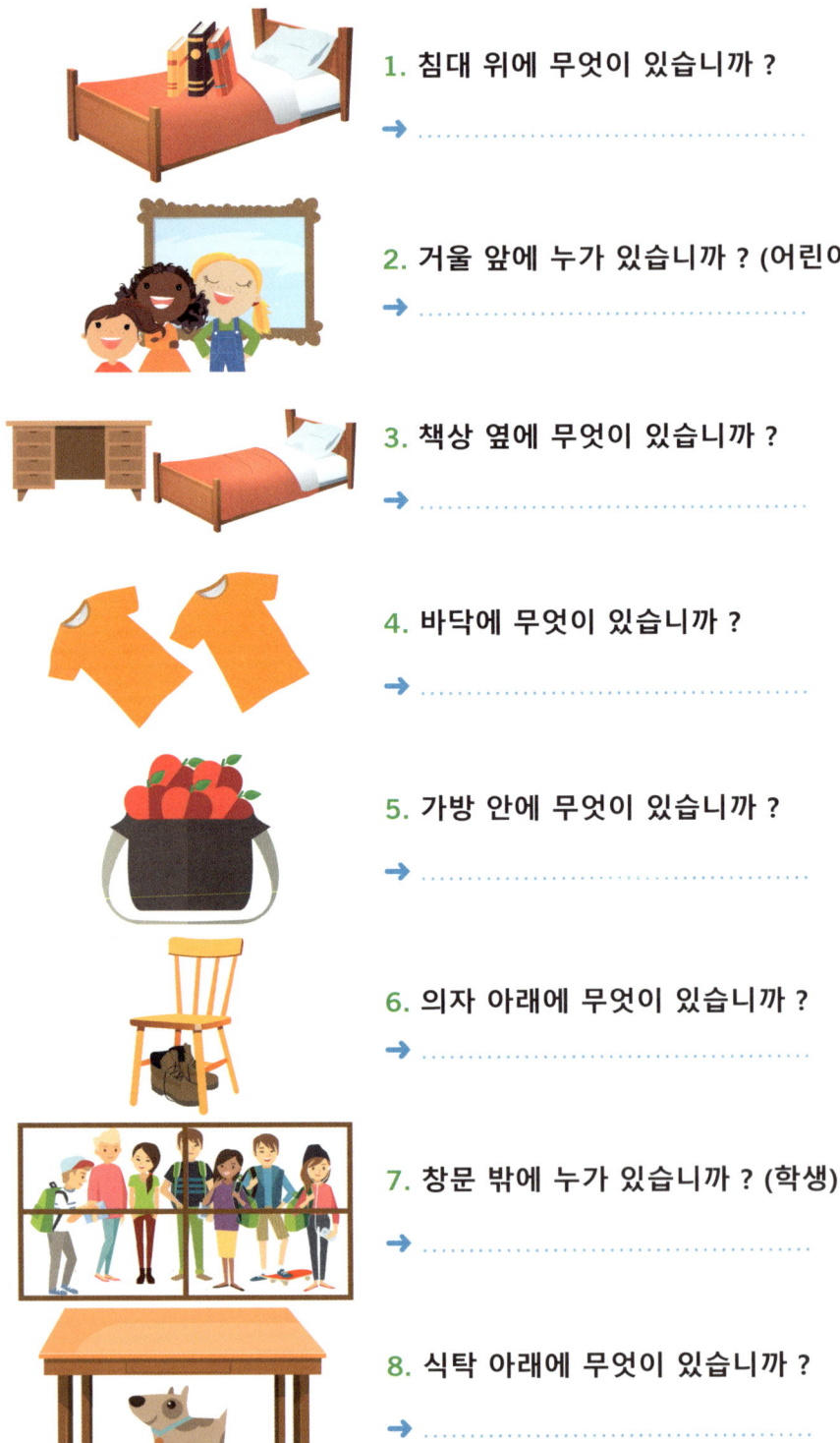

1. 침대 위에 무엇이 있습니까?
   → ....

2. 거울 앞에 누가 있습니까? (어린이)
   → ....

3. 책상 옆에 무엇이 있습니까?
   → ....

4. 바닥에 무엇이 있습니까?
   → ....

5. 가방 안에 무엇이 있습니까?
   → ....

6. 의자 아래에 무엇이 있습니까?
   → ....

7. 창문 밖에 누가 있습니까? (학생)
   → ....

8. 식탁 아래에 무엇이 있습니까?
   → ....

CHAPITRE 12 : LES CLASSIFICATEURS. DONNER UN PRIX

Banque de mots

영화	yonghwa	film
이상	isang	au-delà
가능	ganeung	possibilité
가능하다	ganeunghada	être possible
어린이	olini	enfant

메뉴	ményou	menu
미만	miman	en dessous de, moins de (quelque chose)

4 Traduisez les phrases suivantes.

1. 연세가 어떻게 되세요 ?
→ ....
2. 칠십팔 세입니다.
→ ....
3. 쥬니 나이가 몇 살이에요 ?
→ ....
4. 올해 네 살이에요.
→ ....
5. 이 영화는 오세 이상 가능합니다.
→ ....
6. 어린이 메뉴는 십이 세 미만 가능합니다.
→ ....

Donner un prix par unité

Pour exprimer un prix par unité, on emploie la forme :
A에 B이다, (cela) coûte B par A, ex. :

생선 한 마리에 얼마예요 ? *Combien coûte un poisson ?*

한 마리에 오천원입니다 *(Ça) coûte 5 000 won par poisson.*

세 마리에 만원입니다
(Ça) coûte 10 000 won pour trois poissons.

일 킬로에 이만원입니다
(Ça) coûte 20 000 won par kilo.

Banque de mots

킬로그램	kʰilôgeulèm	kilogramme
킬로	kʰilô	kilo

CHAPITRE 12 : LES CLASSIFICATEURS. DONNER UN PRIX

5 Donnez le prix en coréen pour le nombre d'unités qui sont dessinées. Utilisez le style poli.

1. 6 000 won
→ ....

2. 1 300 won
→ ....

3. 10 000 won
→ ....

4. 30 000 won (1 kilo)
→ ....

Classificateur pour les plats

Pour les plats, notamment au restaurant, on utilise le classificateur 개 avec le comptage coréen s'il s'agit d'un plat individuel ou le classificateur 인분, *portion*, avec le comptage sino-coréen s'il s'agit d'un plat qu'on peut commander en portions.
Ex. : **비빔밥 한 개 주세요**, *Donnez(-moi) un bibimbap* (litt. *bibimbap un* classf. *donner*).
삼겹살 삼 인분 주세요, *Donnez(-moi) du samgyeopsal pour trois* (litt. *samgyeopsal trois portions donner*).

Banque de mots

주문	djoumoun	commande
주문하다	djoumounhada	commander
오렌지	ôléndji	orange
오렌지 주스	ôléndji djouseu	jus d'orange
소고기	sôgôgi	viande de bœuf
닭	dalg	poulet
커피숍	kʰopʰisyôb	café (lieu)
아이스커피	a'iseukʰopʰi	café glacé
머핀	mopʰin	muffin
가게	gagé	magasin
청바지	tchongbadji	jean

점원	djomwon	vendeur
손님	sônnim	client
주인	djou'in	propriétaire
상인	sang'in	commerçant

CHAPITRE 12 : LES CLASSIFICATEURS. DONNER UN PRIX

6 **Commandez en coréen au style poli.**

1. *Donnez(-moi) six pommes.* → ....

2. *Donnez(-moi) un kilo de samgyeopsal* → ....

3. *Donnez(-moi) deux poulets* → ....

4. *Donnez(-moi) du tteokbokki pour quatre* → ....

5. *Donnez(-moi) un café (une tasse de café) et un jus d'orange (un verre de jus d'orange)*

→ ....

7 **Remplissez les espaces laissés vides.**

1. *Dani a acheté deux bonbons, une bouteille de lait.*

다니는 슈퍼마켓 .... 사탕 .... 개와 우유 .... 병을 샀습니다.

2. *Juni prépare du kimbap pour dix.*

쥬니는 김밥 .... 을 준비합니다.

3. *Maman achète au marché trois poissons, un kilo de viande de bœuf et un poulet.*

엄마는 시장에서 생선 .... 하고 소고기 .... 하고 닭 .... 를 삽니다.

4. *Dans le sac de papa il y a un ordinateur, deux livres et un téléphone portable.*

아빠 가방에 .... 와/과 .... 와/과 .... 이/가 있습니다.

축하합니다 (Félicitations!) Vous êtes venu à bout du chapitre 12! Il est maintenant temps de comptabiliser les icônes et de reporter le résultat en page 128 pour l'évaluation finale.

13
La proposition, l'hypothèse, le conditionnel, demander poliment…

Faire une proposition

- Quand on veut proposer quelque chose sur le mode interrogatif, on emploie la terminaison : 을까요 ? si le radical se termine par une consonne et ㄹ까요 ? s'il se termine par une voyelle. Exemple : 한잔하 (한잔하다, *boire un verre*) + ㄹ까요 ? = 한잔할까요 ?, *(On) boit un verre ?* La proposition est polie et décontractée.

- On peut également utiliser le verbe 어떻다, *être comment ?* avec un nom ce qui donne : 이 (après une consonne) / 가 (après une voyelle) 어때요 ?, *ça te/vous dit… ?* La particule est souvent omise, ex. : 피자 어때요 ?, *Ça te dit une pizza ?* 한잔 어때요 ?, *Ça te dit un verre ?* La proposition est polie et décontractée.

> Si on enlève 요 à la fin de la phrase, on obtient le style familier.

Banque de mots

피자	pʰidja	pizza
한잔	handjan	verre
한잔하다	handjanhada	prendre un verre
내일	nèil	demain
보다	bôda	se voir
같이	gatʰi	ensemble

밥(을) 먹다	bab(eul) mogda	manger ensemble
파티	pʰatʰi	fête
생일 파티	sèng'il pʰatʰi	fête d'anniversaire
향수	hyangsou	parfum

 Traduisez les phrases suivantes.

1. 언제 만날까요 ? → ....

2. 오늘 저녁 어때요 ? → ....

3. 어디에서 볼까요 ? → ....

CHAPITRE 13 : LA PROPOSITION, L'HYPOTHÈSE, LE CONDITIONNEL, DEMANDER POLIMENT...

4. 무엇을 할까요 ? → ....

5. 영화 볼까요 ? → ....

6. 같이 밥 먹을까요 ? → ....

같이 gat^hi, ensemble, se prononce [ga-tchi], il n'y a pas de liaison de la consonne finale ㅌ t^h.

2 **Traduisez les phrases suivantes.**

1. (On) se voit demain ? → ....

2. Ça vous dit un café ? → ....

3. Ça vous parle une bière ? → ....

4. (On) va à la fête d'anniversaire (de) Dani ? → ....

5. (On) achète un cadeau ? → ....

6. Ça vous dit un parfum ? → ....

Formuler une hypothèse

Pour émettre une hypothèse, on utilise le verbe auxiliaire : 을 (après une consonne) / ㄹ (après une voyelle) 것 같다, *penser que, sembler que*.
Exemple : 비가 오 (비가 오다, *pleuvoir*) + ㄹ 것 같 + 아요 = 비가 올 것 같아요, *(Je) pense qu'(il) va pleuvoir.*

3 **Dites ce qui risque d'arriver en utilisant l'expression proposée au style poli.**

1. 혼나다, *se faire gronder* → ....

2. 놓치다, *manquer* → ....

CHAPITRE 13 : LA PROPOSITION, L'HYPOTHÈSE, LE CONDITIONNEL, DEMANDER POLIMENT...

3. 늦다, *être en retard*
→ ....

4. 넘어지다, *tomber* → ....

5. 눈물이 나다, *avoir les larmes aux yeux*
→ ....

6. 덥다, *avoir chaud* → ....

Le conditionnel

Le conditionnel s'exprime grâce aux formules : **...었/았으면**, *si c'était...* ; **...었/았을텐데**, *ce serait...* On accole la première forme quand la dernière voyelle du radical se termine par autre chose que ㅏ a ou ㅗ ô, on accole la deuxième forme si elle se termine par ㅏ a ou ㅗ ô.

Exemple : 돈이 많다, *avoir beaucoup d'argent*
→ 돈이 많았으면, *Si (j')avais beaucoup d'argent* ;
한국 식당에 매일 가다, *aller au restaurant coréen tous les jours*
→ 한국 식당에 매일 갔을텐데, *(j')irais au restaurant coréen tous les jours.*
한국 사람이다, *être Coréen* → 한국 사람이었으면, *si (j')étais Coréen* ;
한국어를 잘 하다, *parler bien coréen*
→ 한국어를 잘 했을텐데, *(je) parlerais bien coréen.*

Banque de mots

식당	sigdang	*restaurant*
매일	mèil	*tous les jours*
을/를 하다	eul/leul hada	*parler (une langue)*

CHAPITRE 13 : LA PROPOSITION, L'HYPOTHÈSE, LE CONDITIONNEL, DEMANDER POLIMENT...

Vous souvenez-vous de ce que nous avons appris dans le chapitre 4 ? Quand on fait suivre un élément qui commence par la consonne muette ㅇ, le radical prend la forme irrégulière. Ici, les éléments conditionnels commencent par la consonne muette, le verbe 하다 prend donc sa forme irrégulière, ex. : 한국어를 잘 하다, *parler bien coréen* + 았을텐데, *ce serait...* → 한국어를 잘 했을텐데, *(Je) parlerais bien coréen.*

4 Dites en coréen ce qu'on aurait pu faire.

날씨가 좋았으면, *S'il faisait beau...*

1. 놀이터에서 놀다, *on pourrait s'amuser à l'aire de jeu.*
→ ....

2. 데이트를 하다, *on pourrait avoir un rendez-vous amoureux.*
→ ....

3. 빨래를 하다, *on pourrait faire la lessive.*
→ ....

4. 세차를 하다, *on pourrait laver la voiture.*
→ ....

5. 산책하다, *on pourrait se promener.*
→ ....

Banque de mots

시간	sigan	*temps*
배가 고프다	bèga gôpʰeuda	*avoir faim*
살다	salda	*habiter, vivre*
다	da	*tout*
자전거	djadjon'go	*vélo*
타다	tʰada	*prendre (vélo, voiture)*

CHAPITRE 13 : LA PROPOSITION, L'HYPOTHÈSE, LE CONDITIONNEL, DEMANDER POLIMENT...

 Reliez les éléments entre eux pour former des phrases.

1. 시간이 있었으면 •   • a. 한국에서 살았을텐데...
2. 비가 안 왔으면 •   • b. 다 샀을텐데...
3. 돈이 많았으면 •   • c. 한잔했을텐데...
4. 한국어를 잘 했으면 •   • d. 피자를 먹었을텐데...
5. 배가 고팠으면 •   • e. 자전거를 탔을텐데...

Prendre une décision

La décision s'exprime avec le verbe auxiliaire 기로 하다, *décider de*.
Exemple : 한국에 가 (한국에 가다, *aller en Corée*) + 기로 하 (기로 하다, *décider de*) + 었 + 어요 = 한국에 가기로 했어요, *(J')ai décidé d'aller en Corée.*

Banque de mots

살	sal	*chair* (poid)
담배	dambè	*cigarette*
끊다	kkeunhda	*cesser, arrêter*
직장	djigdjang	*emploi*
구하다	gouhada	*chercher*

모으다	môeuda	*collecter*
여행	yohèng	*voyage*
여행하다	yohènghada	*voyager*
노래를 부르다	nôlèleul bouleuda	*chanter*

 Écrivez en coréen vos résolutions pour la nouvelle année au style poli.

1. 살을 빼다, *perdre du poids* → ....

2. 담배를 끊다, *arrêter de fumer* → ....

3. 직장을 구하다, *chercher un emploi* → ....

4. 돈을 모으다, *faire des économies* → ....

5. 연애를 하다, *trouver l'amour* → ....

6. 가족들과 여행하다, *voyager avec la famille* → ....

CHAPITRE 13 : LA PROPOSITION, L'HYPOTHÈSE, LE CONDITIONNEL, DEMANDER POLIMENT…

Rendre un service

Pour « rendre un service à quelqu'un », on utilise le verbe auxiliaire : 어 / 아 주다, *faire quelque chose pour quelqu'un*.

- Si la dernière voyelle du radical se termine par ㅏ ou ㅗ, on emploie 아 주다, ex. : 사다, *acheter* → 사 주다, *acheter pour quelqu'un* (사 + 아 주다 se contracte en 사 주다) ; 가방을 사 줍니다, *(on m')achète un sac*, ou *(j')achète un sac (pour quelqu'un)*.

- Si la voyelle du radical se termine par autre chose que ㅏ ou ㅗ, on emploie 어 주다, ex. : 읽다, *lire* → 읽어 주다, *lire pour quelqu'un* ; 책을 읽어 줍니다, *(On me) lit un livre* ou *(Je) lis un livre (pour quelqu'un)*. En effet, l'emploi du verbe auxiliaire 어 / 아 주다 confirme qu'il y a un COI dans la phrase même s'il est omis.

7 **Traduisez les phrases suivantes.**

1. 다니는 노래를 부릅니다. → ....
2. 다니는 동생에게 노래를 불러 줍니다. → ....
3. 엄마는 옷을 삽니다. → ....
4. 엄마는 쥬니에게 옷을 사 줍니다. → ....
5. 아빠는 엄마에게 옷을 사 줍니다. → ....

Rendre un service de manière honorifique

Quand on veut faire preuve de déférence envers celui à qui s'adresse l'action (le COI), le verbe auxiliaire 어 / 아 주다 se transforme en 어 / 아 드리다. Exemple : 사다 → 사 드리다 ; 어머니께 가방을 사 드립니다, *(J')achète un sac pour (ma) mère* ; 읽다 → 읽어 드리다 ; 할머니께 책을 읽어 드립니다, *(Je) lis un livre pour (ma) grand-mère*.

Attention ! Il ne faut pas confondre ce verbe auxiliaire avec la marque honorifique 으시 / 시 qui sert à présenter de la déférence envers le sujet de la phrase. Exemple : 할머니께서 책을 읽으십니다, *(Ma) grand-mère lit un livre* : ici le sujet est 할머니, *grand-mère* envers qui on fait preuve de déférence grâce à la marque honorifique ; 할머니께 책을 읽어 드립니다, *(Je) lis un livre pour (ma) grand-mère* : ici, le sujet est *je* (omis dans la phrase) et ce *je* (locuteur) veut présenter de la déférence envers son COI (할머니, *grand-mère*). Il faut donc employer 어 / 아 드리다.

CHAPITRE 13 : LA PROPOSITION, L'HYPOTHÈSE, LE CONDITIONNEL, DEMANDER POLIMENT…

 Reliez les éléments entre eux pour former des phrases.

1. 할머니께 노래를 •
2. 할아버지께 옷을 •
3. 동생에게 책을 •
4. 친구에게 선물을 •
5. 할머니께서 노래를 •
6. 할아버지께서 책을 •
7. 동생이 옷을 •
8. 할아버지께서 옷을 •

• a. 사 드립니다.
• b. 불러 드립니다.
• c. 사 줍니다.
• d. 읽어 줍니다.
• e. 읽으십니다.
• f. 부르십니다.
• g. 삽니다
• h. 사십니다.

Demander poliment

Pour demander quelque chose de façon polie, on ajoute le verbe auxiliaire 어 / 아 주다 dans une phrase impérative. Celui-ci permet d'adoucir le ton donné par l'impératif.

Voici des exemples de phrases impératives allant du moins poli au plus poli :
문을 열다, *ouvrir la porte* → 1. 문을 열어요, *Ouvre la porte.*
2. 문을 여세요, *Ouvrez la porte.*
3. 문을 열어 주세요, *Ouvrez la porte, s'il vous plaît.*

1. 열 (열다, *ouvrir*) + 어요 est un ordre direct même si on utilise la terminaison de style poli ;
2. 여 (열다) + 시 + 어요 reste un ordre direct même s'il est complété par la marque honorifique ;
3. 열 (열다) + 어 주 (어 / 아 주다, *faire quelque chose pour quelqu'un*) + 시 + 어요 exprime la déférence, littéralement on dit « ouvrez la porte pour moi, s'il vous plaît ».

Ainsi, pour demander un service, il est vivement recommandé d'utiliser la forme 어 / 아 주세요 afin d'éviter que ce soit mal perçu, ex. :
창문을 닫다, *fermer la fenêtre* → 창문을 닫아 주세요, *Fermez la fenêtre, s'il vous plaît.*
메일을 보내다, *envoyer un e-mail* → 메일을 보내주세요, *Envoyez un e-mail, s'il vous plaît.*

CHAPITRE 13 : LA PROPOSITION, L'HYPOTHÈSE, LE CONDITIONNEL, DEMANDER POLIMENT...

Banque de mots

창문	tchangmoun	fenêtre
닫다	dadda	fermer
메일	méil	e-mail
보이다	bôida	montrer

연락하다	yonlaghada	contacter
돕다	dôbda	aider
세우다	séouda	arrêter

9. Demandez poliment en coréen.

1. Montrez(-le-moi), s'il vous plaît. → ....
2. Contactez(-moi), s'il vous plaît. → ....
3. Descendez ici, s'il vous plaît. → ....
4. Arrêtez la voiture, s'il vous plaît. → ....

10. Traduisez le journal de Dani.

오늘은 어버이날입니다. 부모님께 선물을 하고 싶었습니다.
어머니께는 향수를 사 드렸습니다. 아버지께는 책을 선물해 드렸습니다.

→ ....
....

→ ....
....

축하합니다 (Félicitations !) Vous êtes venu à bout du chapitre 13 ! Il est maintenant temps de comptabiliser les icônes et de reporter le résultat en page 128 pour l'évaluation finale.

14
Les adjectifs et la proposition relative

> **Former un adjectif avec un verbe d'état**
>
> Lorsqu'on accole le suffixe (sfx.) 은 **-eun** (après une consonne) / ㄴ **-n** (après une voyelle) au radical d'un verbe d'état, on crée un adjectif. Cette forme adjective précède toujours un nom, ex. :
>
> 예쁘 **yéppeu** (예쁘다 **yéppeuda**, *être joli*) + ㄴ **-n** = 예쁜 **yéppeun**, *joli*. On dira donc 예쁜 아기 **yéppeun agi**, *joli bébé*, 예쁜 꽃 **yéppeun kkôtch**, *jolie fleur*.
>
> 작 **djag** (작다 **djagda**, *être petit*) + 은 **-eun** = 작은 **djangeun**, *petit*. On dira donc 작은 인형 **djangeun inhyong**, *petite peluche*, 작은 가방 **djangeun gabang**, *petit sac*.

1 Transformez les verbes d'état suivants en forme adjective.

	infinitif	forme adjective
1.	크다 **kʰeuda**, *être grand*	
2.	착하다 **tchaghada**, *être gentil*	
3.	나쁘다 **nappeuda**, *être méchant*	
4.	좋다 **djôhda**, *être bien*	
5.	나쁘다 **nappeuda**, *être mauvais*	
6.	건강하다 **gon'ganghada**, *être en bonne santé*	
7.	약하다 **yaghada**, *être faible*	
8.	비싸다 **bissada**, *être cher*	
9.	싸다 **ssada**, *être peu cher*	
10.	짧다 **tsalbda**, *être court*	
11.	밝다 **balgda**, *être clair*	
12.	많다 **manhda**, *être nombreux*	
13.	적다 **djogda**, *être peu*	

CHAPITRE 14 : LES ADJECTIFS ET LA PROPOSITION RELATIVE

Les formes irrégulières

- Quand le radical du verbe d'état se termine par 있 **iss** ou 없 **obs**, on accole exceptionnellement le suffixe 는 **-neun**, ex. : 재미있다 **djèmiissda**, *être drôle* devient 재미있는 **djèmiissneun**, *drôle* ; 재미없다 **djèmiobsda**, *ne pas être drôle*, devient 재미없는 **djèmiobsneun**, *ennuyeux*.

- Pour les verbes dont le radical se termine par la consonne ㅂ **b**, cette dernière se transforme en 우 **ou**, ensuite on accole le suffixe ㄴ **-n**, ex. : 고맙다 **gômabda**, *être reconnaissant* devient 고마운 **gômaoun**, *reconnaissant* (le ㅂ **b** du radical se transforme en 우 **ou**).

- Lorsque le radical du verbe se termine par la consonne ㄹ **l**, on la supprime et on accole le suffixe ㄴ **-n**, ex. : 멀다 **molda**, *être loin* devient 먼 **mon**, *loin* (le ㄹ **l** du radical tombe).

2 Transformez les verbes d'état suivants en forme adjective.

infinitif	forme adjective
1. 무겁다 **mougobda**, *être lourd* (poids)	
2. 가볍다 **gabyobda**, *être léger*	
3. 맛있다 **masissda**, *être délicieux*	
4. 맛없다 **masobsda**, *ne pas être bon*	
5. 길다 **gilda**, *être long*	
6. 어둡다 **odoubda**, *être sombre*	
7. 맵다 **mèbda**, *être pimenté*	
8. 뜨겁다 **tteugobda**, *être très chaud*	

CHAPITRE 14 : LES ADJECTIFS ET LA PROPOSITION RELATIVE

3 Reliez chaque groupe de mots à sa traduction.

1. grand sac •
2. kimchi pimenté •
3. plat délicieux •
4. personne pas drôle •
5. cheveux longs •
6. cheveux courts •
7. chambre claire •
8. chambre sombre •

• a. 밝은 방
• b. 어두운 방
• c. 큰 가방
• d. 긴 머리
• e. 재미없는 사람
• f. 맛있는 음식
• g. 매운 김치
• h. 짧은 머리

4 Écrivez en coréen la forme adjective des parties soulignées et accolez la bonne particule si nécessaire.

1. Les Coréens aiment <u>les plats pimentés</u>.

한국 사람은 .... 좋아합니다.

2. Il y a <u>un grand sac</u>.

.... 있어요.

3. Le grand sac se trouve <u>dans la petite chambre</u>.

.... 큰 가방이 있어요.

4. (Je) voudrais manger <u>un plat délicieux</u>.

.... 먹고 싶어요.

5. (J')aime <u>les chaussures légères</u>.

.... 좋아해요.

6. (C')est <u>une personne reconnaissante</u>.

.... 이에요.

7. (On) va donner un cadeau <u>à la gentille personne</u>.

.... 선물을 줄 거예요.

CHAPITRE 14 : LES ADJECTIFS ET LA PROPOSITION RELATIVE

La proposition relative

On peut construire une proposition relative avec la forme adjective apprise ci-dessus, ex. :

친구가 많다 **tchin'gouga manhda**, *avoir beaucoup d'amis* (litt. *ami* [-P. sujet] *être nombreux*) + 사람 **salam**, *personne* → 친구가 많은 사람 **tchin'gouga manheun salam**, *personne qui a beaucoup d'amis* ;

눈이 크다 **nouni kʰeuda**, *avoir de grands yeux* (litt. *œil* [-P. sujet] *être grand*) + 아기 **agi**, *bébé* → 눈이 큰 아기 **nouni kʰeun agi**, *bébé qui a de grands yeux*.

Banque de mots

손	sôn	main
너무	nomou	trop
짜다	tsada	être salé
주머니	djoumoni	poche
불편하다	boulpʰyonhada	être inconfortable, ne pas être pratique

5 Traduisez les phrases suivantes.

1. 옷이 많아요.   → ....
2. 옷이 많은 사람   → ....
3. 손이 더럽습니다.   → ....
4. 손이 더러운 어린이 → ....
5. 너무 짜요.   → ....
6. 너무 짠 음식   → ....
7. 주머니가 없습니다. → ....
8. 주머니가 없는 가방 → ....

CHAPITRE 14 : LES ADJECTIFS ET LA PROPOSITION RELATIVE

La proposition relative dans la phrase

Regardons comment s'emploie la proposition relative dans la phrase, ex. 친구가 많은 사람 tchin'gouga manheun salam, *personne qui a beaucoup d'amis* :

1. **아빠는 친구가 많은 사람이에요 appaneun tchin'gouga manheun salamiéyô**, *(Mon) papa est une personne qui a beaucoup d'amis*. Ici, la proposition *personne qui a beaucoup d'amis* est le complément du verbe « être ». Comme nous l'avons vu, le complément s'accole au verbe « être ». Il n'y a donc pas besoin d'une particule.

2. **친구가 많은 사람이 누구예요 ? tchin'gouga manheun salami nougouyéyô**, *Qui est la personne qui a beaucoup d'amis ?* Ici, la proposition *personne qui a beaucoup d'amis* est le sujet du verbe « être ». La proposition est donc marquée par la particule de sujet 이.

3. **친구가 많은 사람을 좋아해요 tchin'gouga manheun salameul djôhahèyô**, *(J')aime bien la personne qui a beaucoup d'amis*. Ici, la proposition *personne qui a beaucoup d'amis* est le complément d'objet direct du verbe « aimer », elle est donc marquée par la particule de COD 을.

4. **친구가 많은 사람에게 말해요 tchin'gouga manheun salamégé malhèyô**, *(On) parle à la personne qui a beaucoup d'amis*. Ici, la proposition *personne qui a beaucoup d'amis* est le complément d'objet indirect du verbe « parler ». Elle est ainsi marquée par la particule de COI 에게.

6 Traduisez les phrases suivantes.

1. 우리 엄마는 옷이 많은 사람이에요. →
2. 옷이 많은 사람은 우리 엄마예요. →
3. 손이 더러운 어린이가 누구예요 ? →
4. 손이 더러운 어린이에게 주세요. →
5. 너무 짠 음식을 먹지 마세요. →
6. 너무 짠 음식은 좋지 않아요. →
7. 주머니가 없는 가방을 사고 싶어요. →
8. 주머니가 없는 가방은 불편해요. →

CHAPITRE 14 : LES ADJECTIFS ET LA PROPOSITION RELATIVE

La proposition relative avec un verbe d'action

Quand on forme une proposition relative avec un verbe d'action, il faut prendre en compte le temps : passé, présent, futur.

- On exprime la proposition relative au passé avec le suffixe 은 **-eun** (après une consonne) / ㄴ **-n** (après une voyelle), ex. : 먹 **mog** (먹다 **mogda**, *manger*) + 은 **-eun**, sfx. + 사람 **salam**, *personne* = 먹은 사람 **mogeun salam**, *personne qui a mangé* ; 자 **dja** (자다 **djada**, *dormir*) + ㄴ **-n** (sfx.) + 사람 **salam**, *personne* = 잔 사람 **djan salam**, *personne qui a dormi*.
- On exprime la proposition relative au présent avec le suffixe 는 **-neun** peu importe la dernière lettre du radical, ex. : 먹 **mog** (먹다 **mogda**, *manger*) + 는 **-neun** (sfx.) + 사람 **salam**, *personne* = 먹는 사람 **mogneun salam**, *personne qui mange* ; 자 **dja** (자다 **djada**, *dormir*) + 는 **-neun** (sfx.) + 사람 **salam**, *personne* = 자는 사람 **djaneun salam**, *personne qui dort*.
- On exprime la proposition relative au futur avec le suffixe 을 **-eul** (après une consonne) / ㄹ **-l** (après une voyelle), ex. : 먹 **mog** (먹다 **mogda**, *manger*) + 을 **-eul** (sfx.) + 사람 **salam**, *personne* = 먹을 사람 **mogeul salam**, *personne qui va manger* ; 자 **dja** (자다 **djada**, *dormir*) + ㄹ **-l**, sfx. + 사람 **salam**, *personne* = 잘 사람 **djal salam**, *personne qui va dormir*.

Récapitulons :

	passé	présent	futur
radical se terminant par une consonne	은	는	을
radical se terminant par une voyelle	ㄴ		ㄹ

 Complétez le tableau comme dans l'exemple.

formation	passé	présent	futur
ex. : 사랑하다, *aimer* + 남자, *homme*	사랑한 남자 *homme que (j')ai aimé*	사랑하는 남자 *homme que (j')aime*	사랑할 남자 *homme que (j')aimerai*
1. 여행하다, *voyager* + 곳, *lieu*			
2. 하다, *faire* + 일, *travail*			
3. 배우다, *apprendre* + 언어, *langue*			

119

CHAPITRE 14 : LES ADJECTIFS ET LA PROPOSITION RELATIVE

formation	passé	présent	futur
4. 사다, *acheter* + 것, *chose*			
5. 만나다, *rencontrer* + 사람, *personne*			

곳, *lieu*, et 것, *chose*, sont des noms qui ne sont pas indépendants, c'est-à-dire qu'ils n'existent pas seuls, ils doivent être associés à d'autres mots.

Banque de mots

이번	**ibon**	*cette fois*
여름	**yoleum**	*été*
주말	**djoumal**	*week-end*
요즘	**yôdjeum**	*ces jours-ci*
백화점	**bèghwadjom**	*grand magasin*

8 **Traduisez les phrases suivantes.**

1. 다니가 사랑한 남자는 누구예요 ? → ....
2. 다니가 사랑하는 남자는 Arthur입니다. → ....
3. 다니가 사랑할 남자는 누구일까요 ? → ....
4. 지난 여름에 여행한 곳이 어디예요 ? → ....
5. 이번 여름에 여행하는 곳은 한국이에요. → ....
6. 지난주 금요일에 한 일이 무엇입니까 ? → ....
7. 주말에 할 일이 없어. → ....
8. 요즘 배우는 언어는 한국어입니다. → ....

CHAPITRE 14 : LES ADJECTIFS ET LA PROPOSITION RELATIVE

Banque de mots

시청	sitchong	hôtel de ville	토마토	tʰômatʰô	tomate
약국	yaggoug	pharmacie	청바지	tchongbadji	jean
바나나	banana	banane	원피스	wonpʰiseu	robe
딸기	ttalgi	fraise	아직	adjig	pas encore

9 Choisissez le mot qui convient dans la phrase.

어제, *hier* • 오늘, *aujourd'hui* • 내일, *demain*

1. .... 시청에 간 사람은 Morgane (모르간)입니다.
2. .... 약국에 가는 사람은 Océa (오세아)입니다.
3. .... 공항에 갈 사람은 Élodie (엘로디)입니다.

아까, *il n'y a pas longtemps* • 지금, *maintenant* • 이따가, *plus tard*

4. 아기가 .... 먹은 음식은 바나나입니다.
5. .... 먹는 음식은 딸기입니다.
6. .... 먹을 음식은 토마토입니다.

입을 옷은, *vêtement que je vais mettre* • 입은 옷은, *vêtement que j'ai mis* • 입는 옷은, *vêtement que je mets*

7. 어제 .... 청바지입니다.
8. 지금 .... 원피스입니다.
9. 내일 .... 아직 모릅니다.

La formation irrégulière

- Lorsque le radical du verbe se termine par la consonne ㄹ l, cette dernière disparaît pour recevoir le suffixe, ex. : 파 pʰa (팔다 pʰalda, *vendre*) + ㄴ -n (sfx.) + 물건 moulgon, *objet* = 판 물건 pʰan moulgon, *objet qu'(on) a vendu* ; 파 pʰa (팔다 pʰalda) + 는 -neun (sfx.) + 물건 = 파는 물건 pʰaneun moulgon, *objet qu'(on) vend* ; 파 pʰa (팔다 pʰalda) + ㄹ -l (sfx.) + 물건 moulgon, *objet* = 팔 물건 pʰal moulgon, *objet qu'(on) va vendre*.

- Pour la plupart des verbes dont le radical se termine par la consonne ㄷ d, cette dernière se transforme en ㄹ l, avant d'accoler le suffixe, ex. : 차 tcha, *voiture* + 에 é (P. lieu) + 실 sil (싣다 sidda, *charger dans*) + 은 -eun (sfx.) + 물건 moulgon, *objet* = 차에 실은 물건 tchaé sileun moulgon, *objet qu'(on) a chargé dans la voiture* ; 차 + 에 + 실 (싣다) + 는 -neun + 물건 = 차에 실는 물건, *objet qu'(on) charge dans la voiture* ; 차 + 에 + 실 (싣다) + 을 -eul + 물건 = 차에 실을 물건, *objet qu'(on) va charger dans la voiture*.

121

CHAPITRE 14 : LES ADJECTIFS ET LA PROPOSITION RELATIVE

Banque de mots

만들다	mandeulda	créer
세종대왕	sédjôngdèwang	le roi Sejong le Grand
풍선	pʰoungson	ballon
불다	boulda	souffler
시내	sinè	en ville

걷다	godda	marcher
밤	bam	nuit
라면	lamyon	nouilles instantanées
얼굴	olgoul	visage
마을	ma'eul	village

10 Écrivez le verbe qui manque dans la phrase en regardant la traduction.

1. 창문을 .... 사람이 누구예요 ?
   → *Qui a ouvert la fenêtre ?* (litt. *c'est qui qui a ouvert la fenêtre ?*)

2. 내일 저와 시내를 .... 사람이 있어요 ?
   → *Y a-t-il quelqu'un qui va marcher demain en ville avec moi ?*

3. 한글을 .... 사람은 세종대왕입니다
   → *(C')est le roi Sejong le Grand qui a créé le hangeul.*

4. 이 풍선을 .... 사람은 선생님입니다
   → *(C')est le professeur qui va souffler dans le ballon.*

5. 서래마을에 .... 프랑스 사람을 아세요 ?
   → *Connaissez-(vous) les Français qui ont habité au village Seorae ?*

Le 한글 han'geul a été créé en 1443 sur l'ordre de 세종대왕 sédjôngdèwang et promulgué en 1446 pour lutter contre l'analphabétisme du peuple. 서래마을 solèma'eul, le village Seorae est un quartier à Séoul où s'établit la communauté française.

축하합니다 (Félicitations !) Vous êtes venu à bout du chapitre 14 ! Il est maintenant temps de comptabiliser les icônes et de reporter le résultat en page 128 pour l'évaluation finale.

SOLUTIONS

1. L'écriture et la prononciation du hangeul

❶ a. gim bab **b.** boul gô gi **c.** sam gyob sal
❷ a. kim baᵖ **b.** boul gô ki **c.** sam kyoᵖ sal
❸ 1-a, 2-c, 3-b, 4-d
❹ 1-c, 2-b, 3-a, 4-b, 5-c, 6-a, 7-c
❺ 1-c, 2-a, 3-b, 4-a
❻ 1. **a.** [tcha] **b.** [dja] **c.** [gông-tsa] 2. **a.** [ppang]
b. [ba-da] **c.** [pʰa-dô] 3. **a.** [sèᵏ-kkal] **b.** [kʰal] **c.** [gal-mè-ki]
4. **a.** [da-Ri] **b.** [tʰè-geuᵏ-ki] **c.** [ttông]
❼ 1. o, ong, ongdong'i 2. mô, mông, môngdoung'i
3. ha, hag, haggyô 4. ba, bab [baᵖ] 5. i, ib [iᵖ] 6. i, ipʰ [iᵖ]
7. ô, ôs [ôᵗ]
❽ 1. 아 2. 아 3. 엄 4. 어 5. 언 6. 오 7. 우
❾ 1. 바다 2. 코 3. 학교 4. 손 5. 엉덩이 6. 똥

2. Les verbes

❶ 1. 이 2. 맛있 3. 맛없 4. 예쁘
❷ 1-d, 2-b, 3-e, 4-a, 5-c
❸ 1-a, 2-c, 3-b, 4-e, 5-d, 6-f
❹ 1. 만납니다 2. 좋습니다 3. 사랑합니다 4. 일합니다
5. 작습니다 6. 입니다
❺ 1-b, 2-a, 3-b, 4-b, 5-a, 6-b, 7-b
❻ 1-b, 2-a, 3-b, 4-b, 5-a, 6-b, 7-b
❼ 1. 좋아요. 2. 일합니다. 3. 예쁩니다. 4.좋아.
5. 작아. 6. 좋습니다. 7. 자요.
❽ 1-d, 2-b, 3-a, 4-c, 5-b, 6-a
❾ 1. 예, 학생이에요. 2. 선생님입니까 ?
3. 아니요, 회사원입니다. 4. 의사예요 ?
5. 아니요, 간호사예요. 6. 사랑합니까 ? 7. 비싸요 ?
8. 울어 ? 9. 맛있어요 ?
❿ 1. Je suis le père de Dani. 2. Je suis employé. 3. Je suis la mère de Juni. 4. Je suis professeur. 5. Je suis Dani. 6. Je suis joli. 7. Je suis Juni. 8. Je dors.

3. Les particules

❶ 1. 는 2. 은 3. 가 4. 이 5. 을 6. 를
❷ 1. 이 2. 이 3. 이 4. 가 5. 가
❸ 1. 동물원 2. 가 3. 없습니다 4. 있습니까 5. 네
6. 집입니다 7. 가 8. 강아지가 있습니까
9. 네, 뱀이 있습니다
❹ 1. 는 2. 이 3. 가 4. 은, 이 5. 은, 이
❺ 1. 는 2. 한국 3. 일본 사람 4. 은 5. 사람 6. 미국 사람
❻ 1. 저는 2. 는 3. 우리는 4. 가족은 5. 는
6. 아빠는 7. 다비드는
❼ 1. 을 2. 는 3. 를 4. 를 5. 가 6. 을 7. 이
❽ 1. 에게 2. 에게서 3. 는, 에게 4. 는, 에게서, 을
5. 는, 에게, 를 6. 다니는 루까에게서 과자를 받아요.
❾ 1. Dani donne un chocolat à Juni. 2. Juni donne un gâteau à Lucas. 3. Les parents donnent de l'argent de poche à Lucas. 4. Je reçois un cadeau de la part de ma petite amie. 5. Je reçois un chocolat de la part de mon petit ami.
❿ 1. 에, 에서 2. 에, 에서, 에서 3. 회사에, 회사에서
4. 집에, 집에서 5. 에, 에 6. 에, 이 7. 에, 이

4. Les particules (suite)

❶ 1. 월요일에 2. 공원에 3. 수요일에 어디에 가요, 물에
4. 있어요 5. 금요일에, 가요, 영화관에 6. 토요일에 식당에 가요 7. 일요일에 어디에 가요
❷ 1. correct 2. correct 3. correct 4. faux, 지금
5. faux, 내일
❸ 1. 금요일 2. 월요일 3. 목요일 4. 금요일 5. 목요일
6. 수요일
❹ 1. En été, il fait chaud. 2. En été, il pleut.
3. À l'automne, il fait frais. 4. En hiver, il neige.
5. En hiver, il fait froid. 6. Il fait beau au printemps ?
7. En été, il fait mauvais ?
❺ 1. 와 2. 하고 3. 과 4. 와 5. 하고
❻ 1. 는, 와 2. 하고 3. 과, 를 4. 랑, 에서 5. 에, 이
6. 에, 과, 과, 과 7. 와 8. (on n'a pas besoin de particule)
❼ 1. Le macaron est renommé comme dessert français.
2. Dani n'aime que la viande. 3. Aime-elle aussi les légumes ? 4. Le kimchi est pimenté. Le bibimbap aussi est pimenté. Le kimbap est-il également pimenté ? 5. Non, seuls le kimchi et le bibimbap sont pimentés. 6. C'est renommé comme film coréen. 7. Juni aussi n'aime que la viande.
❽ 1. 학교에만 갑니다. 2. 월요일에만 갑니다.
3. 화요일에도 갑니까 ? 4. 사탕만 좋아합니다.
5. 야채도 좋아합니까 ? 6. 친구만 만납니다.
7. 친구도 만납니다.
❾ 1. 남편 2. 호텔 3. 책 4. 놀이터 5. 수영 6. 토요일
7. 산, 가족

5. Les verbes (suite), la négation, les formes irrégulières

❶ 1. 빨래를 하다/빨래하다 2. 청소를 하다/청소하다
3. 설거지를 하다/설거지하다 4. 쇼핑을 하다/쇼핑하다
5. 축구를 하다/축구하다 6. 운동을 하다/운동하다
7. 사랑을 하다/사랑하다
❷ 1. 건강하다 2. 피곤하다 3. 진실하다 4. 행복하다
5. 순수하다
❸ 1. 맛없다 2. 사랑 안 하다 3. 운동 안 하다 4. 안 좋다
5. 안 나쁘다 6. 안 가다 7. 청소 안 하다 8. 안 건강하다
9. 아니다 10. 없다
❹ 1. 맛있지 않다 2. 사랑하지 않다 3. 운동하지 않다
4. 좋지 않다 5. 나쁘지 않다 6. 가지 않다
7. 청소하지 않다 8. 건강하지 않다

SOLUTIONS

5 1. 그 사람을 사랑합니다. 2. 저는 김치를 좋아합니다.
3. 일요일에 운동을 합니다. 4. 친구와 만나요. 5. 방을 청소합니다. 6. 김치를 먹어요.

6 1. 한국어를 못 하다, 한국어를 하지 못하다
2. 못 기다리다, 기다리지 못하다 3. 못 믿다, 믿지 못하다
4. 춤을 못 추다, 춤을 추지 못하다
5. 그림을 못 그리다, 그림을 그리지 못하다

7 1. 머리가 깁니다. 2. 사탕이 답니다. 3. 아기가 웁니다.
4. 새가 납니까 ? 5. 다니가 놀이터에서 놉니까 ?
6. 은행이 멉니까 ?

8 1. 좋습니다, 좋아요, 좋아
2. 좋아합니다, 좋아해요, 좋아해 3. 웁니다, 울어요, 울어
4. 청소합니다, 청소해요, 청소해
5. 더럽습니다, 더러워요, 더러워 6. 씁니다, 써요, 써
7. 엽니다, 열어요, 열어 8. 자릅니다, 잘라요, 잘라
9. 쉽습니다, 쉬워요, 쉬워
10. 어렵습니다, 어려워요, 어려워

9 1. 놀아요 2. 귀여워요 3. 사랑해요 4. 길어요
5. 매워요 6. 커요

10 1. 귀걸이, 목걸이, 반지를 사요 2. 사진을 봐요
3. 요즘 많이 외로워요 4. 김치가 셔요

6. Le passé et le mode de la phrase

1 1. 넣었습니다, 넣었어요, 넣었어
2. 왔습니다, 왔어요, 왔어
3. 늦었습니다, 늦었어요, 늦었어
4. 맞았습니다, 맞았어요, 맞았어
5. 마셨습니다, 마셨어요, 마셨어
6. 싸웠습니다, 싸웠어요, 싸웠어
7. 끝났습니다, 끝났어요, 끝났어
8. 찾았습니다, 찾았어요, 찾았어

2 1. 가방에 사과를 넣었어요. 2. 누구하고 왔어요 ?
3. 물을 마셨어요. 4. 엄마하고 싸웠어요.
5. 언제 끝났어요 ? 6. 열쇠를 찾았어요 ?

3 1. 사랑했습니다, 사랑했어요, 사랑했어
2. 들었습니다, 들었어요, 들었어
3. 눌렀습니다, 눌렀어요, 눌렀어
4. 더웠습니다, 더웠어요, 더웠어
5. 기뻤습니다, 기뻤어요, 기뻤어

4 1. 학교에서 공부했습니다. 2. 날씨가 나빴습니다.
3. 날씨가 추웠어요 ? 4. 몰랐어요.
5. 남자 친구와 많이 걸었습니다. 6. 회사가 멀었습니까 ?

5 1. 만났어요. 가요 2. 졸업했어요. 찾아요
3. 갔어요. 가요 4. 만났어요. 결혼해요

6 1. 어제 남자 친구하고 싸웠어요. 2. 지금 화해해요.
3. 어제 엄마에게 전화했어요. 4. 언제 졸업했어요 ?
5. 어제 날씨가 추웠어요. 6. 집에 있었어요.

7 1. 밉시다, 밀어요, 밀자 2. 엽시다, 열어요, 열자
3. 걸읍시다, 걸어요, 걷자
4. 청소합시다, 청소해요, 청소하자

8 1. 결혼합시다 ! 2. 내일 전화해요 ! 3. 화해하자 !
4. 같이 삽시다 ! 5. 집에서 쉬자 !

9 1. 미십시오, 미세요, 밀어
2. 여십시오, 여세요, 열어
3. 걸으십시오, 걸으세요, 걸어
4. 청소하십시오, 청소하세요, 청소해
5. 앉으십시오, 앉으세요, 앉아
6. 누르십시오, 누르세요, 눌러
7. 고르십시오, 고르세요, 골라

10 1. La chambre est sale. Nettoie-la ! 2. Faisons du sport. Venez tôt le matin. 3. Demain il pleut. Préparez un parapluie. 4. À midi, il y a du monde. Réservez à l'avance.
5. Le bébé pleure. Faites vite.

11 1. 쓰레기를 버리지 마세요.
2. 아무데나 주차하지 마십시오. 3. 사탕을 많이 먹지 마.
4. 창문을 열지 마세요.

7. Le futur et les verbes auxiliaires

1 1. 만나겠어요. 2. 보겠어요. 3. 공부하겠어요.
4. 가겠어요.

2 1. 월요일에 역에 갈 겁니다. 기차를 탈 겁니다.
2. 화요일에 딸과 도서관에 갈 거예요. 책을 읽을 거예요.
3. 수요일에 아들과 놀이터에 갈 거예요. 미끄럼틀을 탈 거예요.
4. 목요일에 엄마랑 공항에 갈 거야. 공항에서 비행기를 탈 거야.

3 1. 운전했어. 2. 그림을 그릴 거야. 3. 병원에 갈 거야.
4. 토요일에 볼 거야. 5. 월요일에 운동했어. 6. 일했어.

4 1. 사랑할게요, 사랑할게 2. 약속할게요, 약속할게
3. 갈게요, 갈게 4. 전화할게요, 전화할게

5 1. 약속할게. 2. 너만 사랑할게. 3. 내일 아침에 갈게요.
4. 내일 전화할게요.

6 1. Qu'est-ce que tu vas manger ? 2. On se verra demain ? 3. On va boire un café ? 4. On va prendre le bus ou le métro ? 5. On va aller aux toilettes ?

7 1. 한국에 가고 싶어요. 2. 아이스크림을 먹고 싶어 ?
3. 자고 싶어. 4. 무엇을 하고 싶어요 ?
5. 어디에 가고 싶습니까 ? 6. 누구를 만나고 싶어 ?
7. 언제 가고 싶어요 ?

8 1-c, 2-d, 3-b, 4-a

9 1. 쥬니는 세수할 수 없습니다. 2. 손을 씻을 수 있습니다.
3. 머리를 감을 수 없습니다. 4. 옷을 입을 수 있습니다.
5. 옷을 벗을 수 있습니다. 6. 양말을 신을 수 있습니다.
7. 신발을 신을 수 없습니다.

10 1. 화장하고 있습니다. 2. 숙제를 하고 있습니다.
3. 정리하고 있습니다. 4. 텔레비전을 보고 있습니다.
5. 책을 읽고 있습니다.

11 1. 책을 읽으러 가요. 2. 한국어를 공부하러 왔어요.
3. 야채를 사러 가요. 4. 일하러 가요. 5. 공부하러 가요.

SOLUTIONS

12 1. Dani a voulu aller en Corée. 2. Dani est allée en Corée pour voir sa grand-mère et son grand-père. 3. Juni pouvait voir ses amis en Corée. 4. Nous irons en Corée l'été prochain aussi. 5. Je ne pouvais pas prendre le train. 6. Ma maman aussi voulait aller en Corée.

8. Les connecteurs ou conjonctions de coordination

1 1. 가고, 가고 2. 그리고 3. 이고 4. 먹고 5. 하고

2 1. 이지만 2. 좋아하지만 3. 하지만 4. 좋지만 5. 싶지만

3 1. 아파서 2. 그래서 3. 불러서 4. 더워서 5. 그래서 6. 그래서

4 1-c, 2-b, 3-a, 4-d, 5-e

5 1. 오니까, sortez pas 2. 그러니까, mettez des gants. 3. 뜨거우니까, touchez pas 4. 그러니까, le portez pas 5. 자니까, le réveillez pas

6 1-d, 2-b, 3-c, 4-a, 5-e

7 1. Je me maquille en regardant le miroir. 2. Je discute en buvant du café. 3. Je regarde la télévision en mangeant du popcorn. 4. J'écoute la radio en conduisant. 5. Je fais du sport en écoutant la musique.

8 1. Je fais du sport pour perdre du poids. 2. J'ai acheté le livre pour apprendre le coréen. 3. J'économise de l'argent pour aller en Corée. 4. J'écoute de la K-pop pour étudier le coréen. 5. J'apprends le chant et la danse pour devenir chanteur.

9 한국에서 일하려고 한국어를 배워요.

10 1. 일어나자마자 라디오를 들어요. 2. 일어나자마자 창문을 열어요. 3. Il a plu dès que je suis sorti. 4. J'ai eu mal au ventre dès que je l'ai mangé. 5. Qu'est-ce que vous allez faire une fois arrivés en Corée ?

9. Les démonstratifs

1 1. 그 공룡 2. 그 책 3. 저 탱크 4. 그 곰 인형 5. 저 책

2 1. Cette glace-là, elle est bonne ? 2. Oui, elle est vraiment bonne. 3. Ce bonbon-là est bon aussi ? 4. Je veux aussi manger cette glace là-bas. 5. Qui est cette personne là-bas ?

3 1. 그 사과를 먹고 싶어요. 2. 그 친구랑 놀고 싶어요. 3. 그 신발이 어디에 있어요? 4. 그 양말을 어디에서 샀어요?

4 1. Celui-ci est mon dessin. 2. Je veux acheter cette chose là-bas. 3. C'est bon ça ?

5 1. Ici, ce sont mes chaussures et là-bas, ce sont les chaussures de mon petit frère / ma petite sœur. 2. Ça là, ce sont les chaussures de qui ? 3. C'est quoi ça là-bas ? 4. Appuyez là. 5. Je vais acheter ça.

6 1. Qu'est-ce que vous faites là-bas ? 2. Où sont les toilettes ? Elles sont là-bas. 3. Où sommes-nous ? 4. Ne touchez pas ici. 5. Asseyez-vous là. 6. N'allez pas là-bas.

7 1. 여기에서 멀어요? 2. 저기에 있어요. 3. 여기를 아세요? 4. 네, 거기를 알아요.

8 1. 그 사람은 2. 이것은 3. 거기에 4. 그걸 5. 이 버스를 6. 저 버스 7. 이거, 저거 8. 저 사람 9. 여기에서 10. 그걸 11. 그 사람을

9 1. Ce n'est pas le mien. 2. C'est le mien. 3. Ça là, c'est le mien. 4. Ça ici, c'est à qui ? 5. Cet appartement là-bas, c'est chez moi. 6. Cette voiture-ci, c'est celle de mon mari. 7. Ça ici, c'est à papa ? 8. Ça là, c'est à moi ? 9. Ça ici, c'est à Dani et ça là-bas, c'est à ton petit frère / ta petite sœur. 10. Ça là, c'est à qui ?

10. Exprimer la courtoisie : la forme honorifique

1 1. 웃으십니다, 웃으세요 2. 좋으십니다, 좋으세요 3. 사십니다, 사세요 4. 작으십니다, 작으세요 5. 배우십니다, 배우세요 6. 일하십니다, 일하세요 7. 공부하십니다, 공부하세요 8. 사랑하십니다, 사랑하세요

2 1-a, 2-c et d, 3-a et d, 4-c et d, 5-a et b

3 1-b et c, 2-a, 3-b et c, 4-b et d, 5-a et d, 6-a

4 1. 안녕히 주무세요. 2. 잘 자. 3. 한국에 계세요. 4. 맛있게 드세요. 5. 안녕히 가세요.

5 1. Bon appétit. 2. Quand vous couchez-vous ? 3. Qu'est-ce que vous prenez à midi ? 4. Où étiez-vous hier ? 5. Qu'avez-vous mangé le soir ?

6 1-b, 2-a, 3-d, 4-d, 5-a

7 1. 께서 요리를 하십니다. 2. 집에 계세요? 3. 께서 텔레비전을 보십니다. 4. 께서 방에서 주무십니다. 5. 께서 비빔밥을 드십니다.

8 1. 언제 전화드려요? 2. 언제 드려요? 3. 축하드려요. 4. 할아버지께 선물을 드려요. 5. Mon grand-père me donne de l'argent de poche. 6. J'offre un cadeau à mon grand-père. 7. Je salue mon professeur. 8. Mon professeur salue quelqu'un.

9 1. J'ai 25 ans. 2. Mon grand-père a 82 ans. 3. Quand est-ce que vous avez pris le déjeuner ? 4. Je veux manger maintenant. 5. Quand est-ce que vous serez chez vous ? 6. Je veux rentrer à la maison. 7. Je me demande quand est-ce que je le dis à mon ami. 8. Dites-nous.

10 1-b, 2-c, 3-a, 4-d, 5-e

11. Les chiffres

1 1. 서른일곱 2. 열일곱 3. 백아홉 4. 스물둘 5. 예순여덟 6. 일흔다섯 7. 아흔아홉

2 2. 두 사람 3. 세 사람 4. 네 사람 5. 다섯 사람 6. 여섯 사람 7. 일곱 사람 8. 여덟 사람 9. 아홉 사람 10. 열 사람

3 1. 오후 한 시예요. 2. 오후 여섯 시예요. 3. 오전 두 시예요. 4. 오후 열 시예요. 5. 오후 여덟 시예요.

SOLUTIONS

④ 1. 삼십팔 2. 이천십구 3. 구십구 4. 천오백 5. 만
6. 이만 7. 오만

⑤ 1. Q : 얼마, R : 삼만 구천 원
2. Q : 얼마예요, R : 오천 원이에요.
3. Q : 가격이, R : 십오만 원이에요.
4. Q : 차가, R : 이천팔백만 원이에요.

⑥ 1. 오후 세 시 사십오 분이에요. 2. 정오예요.
3. 오후 열한 시 오십 분이에요. 4. 오후 네 시 반이에요.
5. 오전 열한 시예요.

⑦ d, a, f, b, e

⑧ 1. 천구백팔십이년 유월 십육일, le 16 juin 1982
2. 천구백팔십일년 유월 십일, le 10 juin 1981
3. 이천십육년 십이월 삼일, le 3 décembre 2016
4. 이천십팔년 십이월 이십팔일, le 28 décembre 2018

⑨ 1. 생일이 언제예요 ?, 2018년 12월 28일이에요.
2. 졸업식이 언제예요 ? 2월 16일이에요.
3. 어버이날이 언제예요 ? 5월 8일이에요.
4. 어린이날이 언제예요 ? 5월 5일이에요.

⑩ 1. 공이에 사칠팔육에 칠오이육이에요.
2. 공이에 오삼사에 일구팔공이에요.
3. 공이에 육구공에 공일이삼이에요.
4. 공칠공에 오이사에 팔이팔팔이에요.
5. 공이에 이팔구공에 구팔일삼이에요.

⑪ 1. 이천십오년부터 이천십팔년까지 있었어요.
2. 이천십사년 칠월부터 이천십사년 십이월까지 공부했어요.
3. 아홉 시간 잤어요. 4. 다섯 시간 걸려요.

12. Les classificateurs. Donner un prix

① 1. 경찰관 두 명 2. 곰 세 마리 3. 컴퓨터 한 대
4. 휴대폰 네 대 5. 구두 일곱 켤레 6. 책 열한 권

② 1. 립스틱 한 개, 마스카라 두 개를 샀어요.
2. 당근 두 개, 양파 네 개를 샀어요.
3. 티셔츠 한 벌, 바지 두 벌을 샀어요.
4. 만화책 일곱 권을 샀어요. 5. 소주 다섯 병을 샀어요.

③ 1. 책 세 권이 있습니다. 2. 어린이 세 명이 있습니다.
3. 침대 한 개가 있습니다. 4. 티셔츠 두 벌이 있습니다.
5. 사과 다섯 개가 있습니다. 6. 신발 한 켤레가 있습니다.
7. 학생 일곱 명이 있습니다. 8. 개 한 마리가 있습니다.

④ 1. Quel âge avez-vous ? 2. J'ai 78 ans. 3. Juni a quel âge ? 4. Il a 4 ans cette année. 5. Ce film est autorisé au-delà de 5 ans. 6. Le menu enfant est pour les moins de 12 ans.

⑤ 1. 곰 인형 두 개에 육천 원이에요.
2. 아이스크림 한 개에 천삼백 원이에요.
3. 바지 두 벌에 만 원이에요.
4. 고기 일 킬로에 삼만 원이에요.

⑥ 1. 사과 여섯 개 주세요. 2. 삼겹살 일 킬로 주세요.
3. 닭 두 마리 주세요. 4. 떡볶이 사 인분 주세요.
5. 커피 한 잔, 오렌지 주스 한 잔 주세요.

⑦ 1. 에서, 두, 한 2. 십 인분 3. 세 마리, 일 킬로, 한 마리
4. 컴퓨터 한 대, 책 두 권, 휴대폰 한 대

13. La proposition, l'hypothèse, le conditionnel, demander poliment...

① 1. Quand est-ce qu'on se voit ? 2. Ça te dit ce soir ?
3. Où est-ce qu'on se voit ? 4. Qu'est-ce qu'on fait ?
5. On regarde un film ? 6. On mange ensemble ?

② 1. 내일 만날까요 ? 2. 커피 한 잔 어때요 ?
3. 맥주 한 잔 어때요 ? 4. 다니 생일 파티에 갈까요 ?
5. 선물을 살까요 ? 6. 향수 어때요 ?

③ 1. 혼날 것 같아요. 2. 놓칠 것 같아요.
3. 늦을 것 같아요. 4. 넘어질 것 같아요.
5. 눈물이 날 것 같아요. 6. 더울 것 같아요.

④ 1. 놀이터에서 놀았을텐데... 2. 데이트를 했을텐데...
3. 빨래를 했을텐데... 4. 세차를 했을텐데...
5. 산책을 했을텐데...

⑤ 1-c, 2-e, 3-b, 4-a, 5-d

⑥ 1. 살을 빼기로 했어요. 2. 담배를 끊기로 했어요.
3. 직장을 구하기로 했어요. 4. 돈을 모으기로 했어요.
5. 연애를 하기로 했어요. 6. 가족들과 여행하기로 했어요.

⑦ 1. Dani chante. 2. Dani chante pour son petit frère / sa petite sœur. 3. Maman achète un vêtement. 4. Maman achète un vêtement pour Juni. 5. Papa achète à maman des vêtements.

⑧ 1-b, 2-a, 3-d, 4-c, 5-f, 6-e, 7-g, 8-h

⑨ 1. 보여 주세요. 2. 연락해 주세요.
3. 여기에서 내려 주세요. 4. 차를 세워 주세요.

⑩ Aujourd'hui, c'est la fête des parents. J'ai voulu faire un cadeau à mes parents. J'ai acheté un parfum pour ma mère. J'ai acheté un livre pour mon père.

14. Les adjectifs et la proposition relative

① 1. 큰 2. 착한 3. 나쁜 4. 좋은 5. 나쁜 6. 건강한
7. 약한 8. 비싼 9. 싼 10. 짧은 11. 밝은 12. 많은 13. 적은

② 1. 무거운 2. 가벼운 3. 맛있는 4. 맛없는 5. 긴
6. 어두운 7. 매운 8. 뜨거운

③ 1-c, 2-g, 3-f, 4-e, 5-d, 6-h, 7-a, 8-b

④ 1. 매운 음식을 2. 큰 가방이 3. 작은 방에
4. 맛있는 음식을 5. 가벼운 신발 6. 고마운 사람
7. 착한 사람에게

⑤ 1. Il y a beaucoup de vêtements. 2. La personne qui a beaucoup de vêtements. 3. Les mains sont sales.
4. L'enfant qui a les mains sales. 5. C'est trop salé.
6. Le/Un plat trop salé 7. Il n'y a pas de poches.
8. Un sac qui n'a pas de poches.

⑥ 1. Ma maman est une personne qui a beaucoup de vêtements. 2. La personne qui a beaucoup de vêtements est ma maman. 3. Qui est l'enfant qui a les mains sales ?
4. Donnez-le à l'enfant qui a les mains sales.

SOLUTIONS

5. Ne mangez pas le plat trop salé. **6.** Le plat trop salé n'est pas bon. **7.** Je veux acheter un sac qui n'a pas de poche. **8.** Le sac qui n'a pas de poche n'est pas pratique.

7 1. 여행한 곳, 여행하는 곳, 여행할 곳
2. 한 일, 하는 일, 할 일
3. 배운 언어, 배우는 언어, 배울 언어
4. 산 것, 사는 것, 살 것
5. 만난 사람, 만나는 사람, 만날 사람

8 **1.** Qui est l'homme que Dani a aimé ? **2.** L'homme que Dani aime est Arthur. **3.** Qui sera l'homme que Dani va aimer ? **4.** Où avez-vous voyagé l'été dernier ? **5.** Cet été, je voyage en Corée. **6.** Qu'est-ce que vous avez fait vendredi dernier ? (litt. les choses que vous avez faites vendredi dernier, c'est quoi ?) **7.** Je n'ai rien à faire le week-end. **8.** La langue que j'apprends ces jours-ci est le coréen.

9 1.어제 2. 오늘 3. 내일 4. 아까 5. 지금 6. 이따가
7. 입은 옷은 8. 입는 옷은 9. 입을 옷은

10 1. 연 2. 걸을 3. 만든 4. 불 5. 산

TABLEAU D'AUTOÉVALUATION

Bravo, vous êtes venu à bout de ce cahier ! Il est temps à présent de faire le point sur vos compétences et de comptabiliser les icônes afin de procéder à l'évaluation finale. Reportez le sous-total de chaque chapitre dans les cases ci-dessous puis additionnez-les afin d'obtenir le nombre final d'icônes dans chaque couleur. Puis découvrez vos résultats !

	🙂	😐	🙁		🙂	😐	🙁
1. L'écriture et la prononciation du hangeul				9. Les démonstratifs			
2. Les verbes				10. Exprimer la courtoisie : la forme honorifique			
3. Les particules				11. Les chiffres			
4. Les particules (suite)				12. Les classificateurs. Donner un prix			
5. Les verbes (suite), la négation, les formes irrégulières				13. La proposition, l'hypothèse, le conditionnel, demander poliment…			
6. Le passé et le mode de la phrase				14. Les adjectifs et la proposition relative			
7. Le futur et les verbes auxiliaires							
8. Les connecteurs ou conjonctions de coordination							

Total, tous chapitres confondus ....

Vous avez obtenu une majorité de…

참 잘했어요 ! Super !

Vous maîtrisez maintenant les bases de la langue coréenne et ses particularités ! Vous êtes fin prêt pour passer au niveau 2 !

잘했어요 ! Pas mal !

Mais vous pouvez encore progresser ! Refaites les exercices qui vous ont donné du fil à retordre en jetant un œil aux leçons !

노력하세요! Persévérez !

Vous êtes un peu rouillé… Reprenez l'ensemble de l'ouvrage en relisant bien les leçons avant de refaire les exercices.

CRÉDITS ICONOGRAPHIQUES : © Shutterstock pour l'ensemble des images excepté p. 56 © Vecteezy

Mise en pages : Élodie Bourgeois
Réalisation : Laura Puechberty
© 2019 Assimil
Dépôt légal : décembre 2019
N° d'édition : 4325 - Mars 2024
ISBN : 978-2-7005-0990-8
www.assimil.com
Imprimé en Roumanie par Master Print.